MÉMOIRES POSTHUMES
DE BRÁS CUBAS

DU MÊME AUTEUR
CHEZ LE MÊME ÉDITEUR

Dom Casmurro
L'Aliéniste
Quincas Borba
Ce que les Hommes appellent Amour

J.-M. MACHADO DE ASSIS

MÉMOIRES POSTHUMES DE BRÁS CUBAS

Traduit du portugais (Brésil) par
R. Chadebec de Lavalade

SUITES
Éditions Métailié
5, rue de Savoie, 75006 Paris
2000

Titre original : *Memórias póstumas de Brás Cubas*, Rio de Janeiro, 1881.

www.editions-metailie.com
ISBN : 2-86424-352-0
ISSN : 1281-5667

« Et voyez maintenant avec quelle dextérité, avec quel art, j'effectue la plus grande des transitions de ce livre. Voyez : mon délire commença en présence de Virgilia ; Virgilia fut mon grand péché de jeunesse ; il n'y a pas de jeunesse sans enfance ; l'enfance suppose la naissance : et voici comment nous arrivons sans effort au 20 octobre 1805, jour de ma naissance. Vous avez vu ? Aucun raccord apparent, rien qui puisse détourner et troubler l'attention du lecteur : rien. Le livre offre ainsi tous les avantages de la méthode, sans en avoir la rigidité. Mais en vérité, il était temps. »

Enlevé à la vie par une pneumonie due à une idée fixe, Brás Cubas fait le récit posthume de sa vie. Dans un ultime délire, il se penche avec une distance amusée sur ce qu'il a été, en prenant le lecteur à témoin.
Un texte subtil et drôle où la prose contenue permet les jeux formels les plus inattendus, écrit par un auteur dont le génie classique teinté de nihilisme préfigure l'exploitation moderne de l'inconscient.

J. M. MACHADO DE ASSIS (1839-1908) est né et mort à Rio de Janeiro, d'un père noir descendant d'esclave et d'une mère portugaise. Après avoir exercé une multitude de métiers, dont typographe à l'imprimerie nationale, il devient le plus grand auteur brésilien du siècle dernier. En 1867, il crée l'Académie brésilienne des Lettres.
Auteur prolifique, au regard cynique et ironique, il est le maître pour déjouer les apparences des faits et débusquer la folie. La société de Rio fin de siècle apparaît sur fond d'absurde.
Il est l'auteur notamment de Dom Casmurro, *de* L'Aliéniste, *de* Quincas Borba *et de* Ce que les Hommes appellent Amour, *tous publiés aux Éditions Métailié.*

Au Lecteur

Que Stendhal ait avoué avoir écrit un de ses ouvrages pour une centaine de lecteurs, c'est là une chose qui surprend et qui consterne. Mais nul ne sera surpris ni probablement consterné, si le livre que voici ne peut trouver les cent lecteurs de Stendhal, ni cinquante, ni vingt — dix tout au plus. Dix ? Peut-être même cinq. C'est qu'il s'agit ici, en vérité, d'une œuvre diffuse, composée par moi, Bras Cubas, suivant la manière libre d'un Sterne ou d'un Xavier de Maistre, mais à laquelle j'ai peut-être donné parfois quelque teinte chagrine de pessimisme. C'est bien possible. Ouvrage de défunt ! Je l'ai écrit avec la plume de la gaieté et l'encre de la mélancolie et il n'est pas difficile de prévoir ce qui peut résulter d'une telle union. Ajoutez à cela que les personnes sérieuses trouveront à ce livre des allures de simple roman, tandis que les personnes frivoles n'y trouveront pas leur roman habituel. Le voici donc, tel quel, privé de l'estime des gens sérieux et de la faveur des gens frivoles, qui sont les deux colonnes maîtresses de l'opinion.

J'espère bien encore, cependant, lui attirer les bonnes grâces du public et le mieux, pour commencer, est de m'abstenir d'un prologue trop explicite et trop long. Le meilleur prologue est celui qui contient le moins de choses ou qui les dit d'une façon obscure et abrégée. Je renonce donc à exposer le procédé extraordinaire que j'ai utilisé pour la composition de ces mémoires, rédigés ici, dans l'autre monde. Ce serait curieux, assurément, mais beaucoup trop long et du reste inutile à la compréhension de l'œuvre. L'œuvre, en elle-même, est tout : si elle te plaît, excellent lecteur, je suis payé de ma peine ; si elle ne te plaît pas, prends cette chiquenaude en paiement... et adieu !

BRAS CUBAS.

1
Décès de l'auteur

Je me suis demandé pendant quelque temps si je devais commencer ces mémoires par le début ou par la fin, je veux dire, placer en premier lieu ma naissance ou ma mort. En admettant que le commun usage soit de commencer par la naissance, deux considérations m'ont conduit à adopter une méthode différente : la première, c'est que je ne suis pas, à proprement parler, *un auteur* défunt, mais *un défunt* auteur, pour qui la tombe fut un autre berceau ; la seconde, c'est que l'ouvrage ne peut que gagner ainsi en agrément et en originalité. Moïse qui, lui aussi, a raconté sa mort, ne l'a pas placée en exorde mais en conclusion : différence fondamentale entre ce livre et le Pentateuque.

Ceci dit, sachez que j'ai rendu le dernier soupir à deux heures de l'après-midi, un vendredi du mois d'août 1869, dans ma belle maison de campagne de Catumbi. J'avais quelque soixante-quatre ans, robustes et prospères, j'étais célibataire, je possédais environ trois cents contos de reis[1] et je fus accompagné au cimetière par onze amis. Onze amis... Il n'y avait eu, il est vrai, ni lettres, ni avis de décès, et j'ajoute qu'il pleuvait : une petite pluie fine, tamisée, triste et persistante, si persistante et si triste qu'elle incita l'un de ces fidèles de la dernière heure à intercaler cette image pleine d'à-propos dans le discours qu'il prononça au bord de ma tombe : « Vous, messieurs, qui l'avez connu, vous

1. Environ un million et demi de francs de l'époque.

pouvez dire avec moi que la nature semble pleurer la perte irréparable d'un des plus beaux caractères qui aient honoré l'humanité. Ce jour sombre, ces gouttes d'eau tombant du ciel, ces nuages noirs qui recouvrent d'un voile funèbre la voûte azurée, tout cela, c'est le signe de la douleur qui ronge durement et cruellement la Nature au plus profond de ses entrailles ; tout cela, c'est un sublime hommage rendu à notre illustre défunt. »

Brave et fidèle ami ! Non, vraiment, je ne regrette pas les vingt actions que je lui ai laissées.

Ce fut ainsi que j'arrivai au terme de mes jours ; ce fut ainsi que je m'acheminai vers l'*undiscovered country* de Hamlet, sans éprouver les angoisses ni les doutes du jeune prince, mais avec lenteur et traînant la jambe, tel celui qui se retire tardivement du spectacle. Tardivement et avec lassitude. Quelque neuf ou dix personnes assistèrent à cet ultime départ, parmi lesquelles trois femmes : ma sœur Sabina, mariée à Cotrim, sa fille – un lys de la vallée – et... Patience ! D'ici peu, je vous dirai quelle était cette troisième personne. Contentez-vous de savoir que cette anonyme, bien qu'elle ne fût pas une parente, souffrait en ce jour plus que les parentes. En vérité, elle souffrait davantage.

Je ne dis pas qu'elle s'arrachât les cheveux, je ne dis pas qu'elle se roulât convulsivement par terre. Mon trépas n'était pas une chose hautement dramatique... Un célibataire qui expire à soixante-quatre ans, cela ne semble pas offrir en soi les éléments d'une tragédie. Et si même c'eût été une tragédie, ce qui convenait le moins à cette anonyme, c'était de la jouer. Debout, au chevet du lit, les yeux fixes, la bouche entrouverte, la pauvre femme ne pouvait croire que ce fût fini :

– Mort ! Il est mort ! répétait-elle tout bas.

Et son imagination, semblable à ces cigognes qu'un illustre voyageur a vues déployant leur vol depuis l'Ilissus jusqu'aux rivages africains sans nul souci des ruines et des siècles, son imagination s'envolait par-dessus les ruines de l'heure présente jusqu'aux rives d'une Afrique juvénile... Laissons-la s'en aller, nous la rejoindrons plus tard : nous la rejoindrons quand j'aurai recouvré mes premières années. Pour l'instant je veux mourir tranquillement, méthodiquement, en écoutant les sanglots des femmes, les paroles étouffées des hommes, la pluie qui tambourine sur les feuilles des caladiums et le son strident d'une lame que le rémouleur aiguise là-dehors, à la porte d'un bourrelier. Je vous jure que cet orchestre de la mort fut beaucoup moins triste que l'on ne pourrait croire. À partir d'un certain moment il devint même délicieux. La vie se débattait dans ma poitrine avec des remous de vague marine, ma conscience s'évaporait, ou glissait à l'immobilité physique et morale, mon corps devenait plante... et pierre... et poussière... et rien...

Je mourus d'une pneumonie. Mais si je dis au lecteur que la cause de ma mort fut moins la pneumonie qu'une idée utile et grandiose, peut-être ne voudra-t-il pas me croire, bien que ce soit la vérité. Aussi vais-je lui exposer brièvement le cas : qu'il juge ensuite par lui-même.

2
L'emplâtre

Un beau matin, en effet, comme je me promenais dans mon jardin, une idée vint se suspendre au trapèze de mon cerveau. Une fois suspendue, elle se mit à jouer des bras, des jambes, à exécuter les tours de voltige les plus hardis que l'on puisse imaginer. Je restais à la contempler, quand soudain elle fit un grand saut, puis, étendant les bras et les jambes, finit par prendre la forme d'un X : déchiffre-moi ou je te dévore.

Cette idée n'était rien de moins que l'invention d'un médicament sublime, un emplâtre « anti-hypocondriaque », destiné au soulagement de notre humanité mélancolique. Dans la demande de privilège que j'adressai, j'appelai l'attention du gouvernement sur le caractère véritablement chrétien de mon invention. Je ne cachai cependant pas à mes amis les avantages pécuniaires qui devaient résulter de la distribution d'un produit si grandement et si profondément efficace. Mais maintenant que je suis ici, de l'autre côté de la vie, je puis tout avouer : ce qui eut sur moi le plus d'influence, ce fut le désir de voir imprimer dans les journaux, les prospectus, les devantures, à tous les coins de rues et sur les boîtes du remède, ces trois mots : *Emplâtre Bras Cubas*. Pourquoi le nier ? J'avais la passion du bruit, de la réclame, du feu d'artifice. Peut-être les gens modestes me reprocheront-ils ce défaut, mais je pense que les gens habiles y reconnaîtront une qualité. Ainsi mon idée avait deux faces, comme les médailles, l'une tournée vers le public, l'autre vers moi. D'un côté, philanthropie et bénéfices ; de l'autre, soif de publicité. Disons mieux : amour de la gloire.

Un de mes oncles, chanoine à prébende entière, avait coutume de dire que l'amour de la gloire temporelle était la perdition des âmes, lesquelles ne devaient aspirer qu'à la gloire éternelle. À quoi un autre oncle, officier d'un des anciens régiments d'infanterie, rétorquait que l'amour de la gloire était la chose la plus vraiment humaine qu'il y eût en l'homme, dont elle offrait par suite l'image la plus pure.

Que le lecteur décide entre le militaire et le chanoine ; pour moi, je reviens à mon emplâtre.

3
Généalogie

Mais, puisque j'ai déjà parlé de mes deux oncles, que l'on me permette de tracer ici une courte esquisse généalogique.

Le fondateur de ma famille fut un certain Damião Cubas, qui vécut dans la première moitié du XVIIe siècle. Il était tonnelier de son métier, originaire de Rio de Janeiro où il serait mort dans la pauvreté et l'obscurité, s'il n'avait exercé d'autre métier que la tonnellerie. Mais il se fit cultivateur, planta, récolta, échangea ses produits contre argent sonnant et trébuchant, si bien qu'il laissa en mourant une grosse fortune à son fils, le licencié Luiz Cubas. C'est à ce garçon que commence véritablement la série de mes ancêtres – des ancêtres que ma famille a toujours avoués – car, en fin de compte, Damião Cubas n'était qu'un tonnelier, et peut-être un mauvais tonnelier, tandis que Luiz Cubas fit ses études à Coïmbra, devint un personnage dans l'État et fut un ami personnel du vice-roi le comte da Cunha.

Comme ce nom de Cubas sentait par trop le tonnelier, mon père, arrière-petit-fils de Damião, prétendait qu'il avait été donné comme surnom à un cavalier, héros des expéditions d'Afrique, pour prix de l'exploit qu'il avait accompli, en enlevant aux Maures trois cents tonneaux. Mon père était homme d'imagination ; il se débarrassa de la tonnellerie sur les ailes d'un calembour. C'était un beau caractère que mon père, un homme digne et loyal comme il y en a peu. Il lui arrivait bien d'avoir quelques bouffées de vanité ; mais qui n'est un peu vaniteux en ce monde ? Il convient de noter qu'il ne recourut à l'invention qu'après avoir tenté la falsification ; il chercha d'abord à rattacher notre famille à celle de mon célèbre homonyme, le capitaine-général Bras Cubas, fondateur de la ville de Saint-Vincent, où il mourut en 1592 ; c'est pour ce motif que je reçus le prénom de Bras. Mais mon père se heurta à l'opposition des descendants du capitaine-général et c'est alors qu'il inventa les trois cents tonneaux des Maures.

Quelques membres de ma famille vivent encore, ma nièce Venancia, par exemple, le lys de la vallée, la fleur des dames de son temps ; son père, Cotrim, un individu qui... Mais n'anticipons pas sur les événements. Finissons-en une bonne fois avec notre emplâtre.

4
L'idée fixe

Ayant exécuté de nombreuses cabrioles, mon idée était devenue une idée fixe. Dieu te préserve, lecteur, d'une idée fixe ; plutôt une paille, plutôt une poutre dans l'œil. Voyez Cavour ; c'est l'idée fixe de l'unité italienne qui l'a tué. Il est vrai que Bismarck, lui, n'est pas mort ; mais il ne faut pas oublier que la nature est une grande capricieuse et l'histoire une éternelle inconstante. Suétone, par exemple, nous a dépeint l'empereur Claude comme un imbécile, « une courge » suivant le mot de Sénèque ; et Titus comme ayant mérité d'être appelé les délices de Rome. Or, il est apparu de nos jours un professeur qui a trouvé moyen de démontrer que, des deux Césars, le délicieux, le vraiment délicieux, ce fut « la courge » de Sénèque. Et toi-même, belle Lucrèce, fleur des Borgia, si un poète t'a dépeinte comme une Messaline catholique, il s'est trouvé un

Grégorovius incrédule pour entreprendre ta réhabilitation, et, sans aller jusqu'à faire de toi un lys, il ne t'a pas laissée néanmoins dans la boue. Personnellement, je préfère me tenir entre le poète et le savant.

Vive donc l'histoire, la versatile histoire, qui se prête à tout ; et, revenant à l'idée fixe, je dirai que c'est elle qui fait les grands hommes et les fous ; l'idée incertaine, vague, changeante, est celle qui fait les Claude — type Suétone.

Mon idée était fixe, fixe comme... Je n'aperçois rien qui soit assez fixe en ce monde : peut-être la lune, peut-être les pyramides d'Égypte, peut-être la défunte Diète germanique. Que le lecteur choisisse la comparaison qui lui plaît le mieux, qu'il la choisisse et ne reste pas là à maugréer, sous prétexte que nous ne sommes pas encore arrivés à la partie narrative de ces mémoires. Nous y arriverons. Comme les autres lecteurs, ses confrères, je pense qu'il préfère l'anecdote à la réflexion, en quoi il a bien raison. Nous y arriverons donc. Mais il ne faut pas oublier que ce livre est écrit sans hâte, avec le flegme d'un homme déjà délivré de la brièveté du siècle, œuvre éminemment philosophique, d'une philosophie inégale, tantôt sévère, tantôt plaisante, qui ne veut ni construire ni détruire, qui ne peut ni enflammer ni refroidir, qui est tout de même plus qu'un passe-temps et moins qu'un apostolat.

Ainsi, lecteur, rengaine ta mauvaise humeur et revenons à l'emplâtre. Laissons là l'histoire et ses caprices de jolie femme. Aucun de nous n'a livré la bataille de Salamine, aucun de nous n'a écrit la confession d'Augsbourg ; et, pour ma part, s'il m'arrive de penser à Cromwell, c'est seulement pour imaginer que son Altesse, de la même main qui supprima le Parlement, aurait imposé aux Anglais l'emplâtre Bras Cubas. Ne riez pas de cette victoire commune de la pharmacie et du puritanisme. Qui ne sait que, au pied de tout grand drapeau flottant publiquement, ostensiblement, presque toujours d'autres drapeaux particuliers, plus modestes, se dressent et se balancent à l'ombre du premier et bien souvent lui survivent ? Si je puis risquer cette comparaison, il en est de cela comme du menu peuple qui cherchait protection à l'ombre du château féodal ; le château est tombé, le peuple est resté. Il est même devenu à son tour riche et châtelain... Non, décidément, ma comparaison ne vaut rien.

5
Où l'on voit poindre l'oreille d'une dame

Or, tandis que j'étais occupé à étudier et à mettre au point mon invention, j'attrapai soudain un coup d'air ; malade, je ne songeai pas d'abord à me soigner. J'avais l'emplâtre dans la tête ; je portais en moi l'idée fixe des grands hommes et des fous. De loin, je me voyais m'élevant au-dessus du bas niveau des foules et montant vers le ciel, comme un aigle immortel, ce n'est pas devant un si beau spectacle qu'un homme peut sentir la douleur qui l'oppresse. Le lendemain j'étais plus mal ; je me décidai à me soigner, mais imparfaitement, sans méthode, sans précaution, sans persévérance. Telle fut l'origine du mal qui m'emmena dans l'éternité. On sait que je mourus un vendredi, jour néfaste, et je crois avoir démontré que je fus victime de mon invention. Il y a des démonstrations moins claires, qui n'en sont pas moins triomphantes.

Il n'y aurait eu cependant aucune impossibilité à ce que j'arrivasse à doubler le cap du siècle et à figurer dans les feuilles publiques parmi les centenaires. J'avais la force et la santé. Et supposez que, au lieu de jeter les bases d'une invention pharmaceutique, il se fût agi de rassembler les éléments d'une institution politique ou d'une réforme religieuse ; survenait le coup d'air, dont l'efficacité échappe au calcul humain, et tout était fini. Ainsi se joue le sort des hommes.

C'est sur cette réflexion que je pris congé pour toujours de la femme, je ne dirai pas la plus sage, mais certainement la plus belle de ses contemporaines, l'anonyme du premier chapitre, celle dont l'imagination ressemblait aux cigognes de l'Ilissus... Elle avait maintenant 54 ans et c'était une ruine, une ruine imposante. Imagine, lecteur, que nous nous étions aimés, elle et moi, bien des années auparavant et qu'un jour, déjà malade, je la vois paraître à la porte de ma chambre...

6
Chimène, qui l'eût dit ? Rodrigue, qui l'eût cru ?

Je la vois paraître à la porte de ma chambre, pâle, émue, vêtue de noir, n'ayant pas le courage d'entrer, ou peut-être retenue par la présence d'un homme qui était auprès de moi. Du lit où j'étais étendu, je la contemplais pendant ce temps, sans songer à lui dire un mot ou à faire aucun geste. Il y avait deux ans que nous ne nous étions pas vus et je la voyais maintenant non telle qu'elle était, mais telle qu'elle avait été, tels que nous avions été l'un et l'autre, parce qu'un Ezéchias mystérieux avait fait reculer le soleil jusqu'aux jours de notre jeunesse. Le soleil recula, je rejetai loin de moi toutes les misères et cette poignée de poussière, que la mort allait disperser dans l'éternité du néant, fut plus puissante que le Temps, qui est le ministre de la mort. Aucune eau de Jouvence n'eût égalé ici le simple souvenir.

Croyez-moi, le moindre mal au monde, c'est le souvenir ; ne vous fiez pas au bonheur présent ; il s'y mêle toujours une goutte de la bave de Caïn. Passé le temps, fini le spasme, alors, alors peut-être devient-il possible de ressentir une jouissance véritable, car entre l'une et l'autre de ces deux illusions, la meilleure est celle que l'on peut goûter sans souffrance.

Cette évocation fut de courte durée ; la réalité s'imposa de nouveau ; le présent chassa le passé. Peut-être exposerai-je au lecteur, en quelque passage de ce livre, ma théorie des éditions humaines. Ce qu'il importe pour l'instant de savoir, c'est que Virgilia — elle s'appelait Virgilia — entra dans la chambre avec assurance, avec la gravité que lui conféraient la toilette et les années, et vint jusqu'à mon lit. Le visiteur se leva et sortit. C'était un individu qui venait me voir tous les jours pour me parler du change, de la colonisation et de la nécessité du développement des voies ferrées ; rien de plus intéressant pour un moribond. Il sortit ; Virgilia était debout ; nous restâmes un moment à nous regarder l'un et l'autre, sans mot dire. Qui l'eût cru ? De deux grands amoureux, de deux passions sans frein, il n'y avait là plus rien, après vingt années passées ; il n'y avait plus que deux cœurs flétris, ravagés par la vie, fatigués et rassasiés d'elle, peut-être pas jusqu'au même degré de satiété, mais rassasiés tous deux. Virgilia n'avait plus maintenant que le charme de son âge, un air grave et maternel ; elle était moins maigre que lorsque je l'avais vue pour la dernière fois, à une fête de la Saint-Jean, à Tijuca ; et comme elle était de celles qui se défendent, à peine commençait-on à distinguer entre ses cheveux noirs quelques fils d'argent.

— Vous rendez visite aux défunts ? lui dis-je.

Elle protesta d'un claquement de langue :

— Comment, aux défunts ?

Et après m'avoir serré les mains :

— Je viens voir si je peux faire lever les paresseux.

Ce n'était pas la tendresse émue d'autrefois, mais la voix était douce et affectueuse. Elle s'assit. J'étais seul à la maison avec un simple infirmier ; nous avions toute liberté pour parler. Virgilia me donna des nouvelles détaillées du dehors, qu'elle narrait avec esprit, assaisonnant la conversation d'une pointe de médisance. Moi, prêt à quitter ce monde, j'éprouvais un plaisir satanique à me moquer de lui, à me convaincre que je ne quittais que du néant.

— Qu'est-ce que c'est que ces idées ! interrompit Virgilia, l'air fâché. Prenez garde que je ne revienne plus. Mourir ! Nous devons tous mourir ; il suffit pour cela de vivre.

Et regardant la pendule :

— Mon Dieu ! trois heures. Je m'en vais.

— Déjà ?

— Déjà. Je reviendrai demain ou plus tard.

— Je ne sais si vous aurez raison, répondis-je ; le malade est célibataire, pas de femmes dans la maison...

— Votre sœur ?

— Elle doit venir passer quelques jours ici, mais ne pourra arriver avant samedi.

Virgilia réfléchit un instant, haussa les épaules et dit gravement :

— Je suis vieille ! Personne ne fait plus attention à moi. Mais, pour couper court à la malveillance, je viendrai avec Nhonhô.

Nhonhô était son fils unique, un jeune licencié qui, à l'âge de cinq ans, avait été complice inconscient de nos amours. Ils vinrent ensemble, deux jours après, et j'avoue que, à les voir là dans ma chambre, j'éprouvai un sentiment de gêne qui ne me permit pas de répondre tout de suite aux paroles affectueuses du jeune homme. Virgilia s'en rendit compte et dit à son fils :

— Nhonhô, ne fais pas attention aux manières de ce grand comédien ; il ne veut pas parler, pour faire croire qu'il est mourant.

Le garçon sourit, je souris également et cela finit en plaisanterie. Virgilia était calme, souriante, elle offrait la pure image des vies immaculées. Aucun regard suspect, aucun geste révélateur, une égalité d'âme et de parole, un empire sur elle-même, qui me semblaient surprenants et qui l'étaient peut-être. La conversation étant tombée par hasard sur une liaison coupable, mi-secrète, mi-connue, je la vis parler avec dédain et quelque indignation de la femme en cause, laquelle était d'ailleurs son amie. Le fils était heureux d'entendre sa mère s'exprimer de façon aussi digne et énergique et je me demandais en moi-même ce que diraient de nous les éperviers, si Buffon était né épervier...

C'était le délire qui commençait.

7
Le délire

Personne encore, que je sache, n'a raconté son propre délire ; la science me sera sans doute reconnaissante de le faire. Si le lecteur ne se sent pas de goût pour l'étude des phénomènes mentaux de ce genre, il peut sauter le chapitre et passer tout droit à la partie narrative. Mais, si peu curieux qu'il puisse en être, je l'avertis qu'il n'est pas sans intérêt de savoir ce qui se passa dans ma tête pendant quelques vingt à trente minutes.

Tout d'abord, je pris la forme d'un barbier chinois, ventru, adroit, et sous cette apparence je rasais au plus près de la peau un mandarin, qui me payait de mon travail avec des pinçons et des dragées : simple caprice de mandarin.

Aussitôt après, je sentis que je devenais la *Somme Théologique* de saint Thomas d'Aquin, imprimée en un volume et reliée en maroquin, avec fermoirs d'argent et gravures. Cette idée communiqua à mon corps l'immobilité la plus complète ; et je me rappelle encore que, mes mains étant les fermoirs du livre, je les tenais croisées sur le ventre et quelqu'un (sans doute Virgilia) les décroisa, parce que cette attitude évoquait pour elle l'image de la mort.

Enfin, rendu à la forme humaine, je vis arriver un hippopotame qui m'emporta. Muet — de peur ou de confiance, je ne sais — je me laissai aller ; mais en peu de temps, la course devint à tel point vertigineuse que je me risquai à interroger ma monture, lui disant insidieusement que ce voyage me semblait ne pas avoir de but.

— Tu te trompes, répliqua l'animal, nous allons à l'origine des siècles.

J'insinuai que ce devait être extrêmement loin ; mais l'hippopotame ne comprit pas ou n'entendit pas, ou bien feignit de ne pas entendre ou de ne pas comprendre. Et comme je lui demandais — puisqu'il parlait — s'il descendait du cheval d'Achille ou de l'ânesse de Balaam, il se contenta de répondre par un geste habituel à ces deux quadrupèdes : il secoua les oreilles. Pour ma part, je fermai les yeux et m'abandonnai à l'aventure. Dois-je maintenant confesser que je me sentais démangé par quelque curiosité de savoir où se trouvait l'origine des siècles, si elle était aussi mystérieuse que celle du Nil, et surtout si elle avait plus ou moins d'importance que la consommation des mêmes siècles : élucubrations d'un cerveau malade. Les yeux fermés, je ne voyais plus le chemin ; je me souviens seulement que la sensation de froid augmentait avec le trajet et qu'il vint un moment où il me sembla entrer dans la région des glaces éternelles. En effet, ouvrant les yeux, je vis que mon coursier galopait dans une plaine couverte de neige, entourée de montagnes de neige, à travers une végétation de neige parmi de grands animaux de neige. Tout était de neige et nous étions même glacés par un soleil de neige. Je voulus parler, mais c'est à peine si je pus, en un grognement angoissé, formuler cette demande :

— Où sommes-nous ?

— Nous avons déjà passé l'Éden.

— Bon, alors arrêtons-nous sous la tente d'Abraham.

— Mais puisque nous remontons en arrière ! répliqua ma monture d'un ton moqueur.

Je restai vexé et désorienté. Franchement, ce voyage commençait à me paraître aussi ennuyeux qu'extravagant, le froid désagréable, le mode de transport pénible, le résultat problématique. Et puis — idée de malade sans doute — à supposer que nous parvenions au but indiqué, il n'était pas impossible que les siècles, irrités de voir violer leur origine, ne me déchirassent de leurs ongles, qui ne devaient pas manquer d'être séculaires comme eux. Tandis que je me livrais à ces réflexions, nous dévorions l'espace et la plaine volait sous nos pieds. Enfin l'animal s'arrêta et je pus regarder plus tranquillement autour de moi. Regarder seulement, car je ne vis rien, en dehors de la blancheur infinie de la neige, qui maintenant avait envahi le ciel même, resté bleu jusqu'alors. Peut-être, par moments, apercevais-je quelque plante, énorme, bizarre, agitant au vent ses larges feuilles. Le silence de cette région était celui de la tombe ; on eût dit que la vie des choses avait été frappée de stupeur en présence de l'homme.

Descendit-il du ciel ? Se détacha-t-il de la terre ? Je ne sais ; je sais qu'un visage immense, une figure de femme, m'apparut alors, fixant sur moi des yeux brillants comme le soleil. Tout, dans cette figure, avait la grandeur des formes sauvages et tout, en elle, échappait à la compréhension de l'œil humain, parce que les contours se perdaient dans l'ambiance et que ce qui paraissait épais était parfois diaphane. Stupéfait, je ne disais mot, ne pouvant même pas pousser un cri ; mais, après un temps assez bref, je lui demandai cependant qui elle était et comment elle s'appelait : curiosité due au délire.

— Je m'appelle Nature ou Pandore. Je suis ta mère et ton ennemie.

À ce dernier mot, j'eus un mouvement de recul et d'effroi. La figure éclata d'un rire qui produisit autour de nous l'effet d'un ouragan ; les plantes se courbèrent sous le souffle et un long gémissement brisa le silence du monde extérieur.

— N'aie pas peur, dit-elle, mon inimitié ne tue pas ; c'est surtout par la vie qu'elle s'affirme. Tu vis : je ne cherche pas pour toi d'autre tourment.

— Je vis ? demandai-je, en rentrant mes ongles dans la paume des mains, comme pour me convaincre de mon existence.

— Oui, pauvre ver, tu vis. Tu n'as pas à craindre de perdre cette guenille qui est ton orgueil ; tu goûteras encore pour quelques heures le pain de la douleur et le vin de la misère. Tu vis. Même en ce moment où tu as perdu les sens, tu vis ; et si ta conscience retrouve un instant de lucidité, tu diras encore que tu veux vivre.

En disant ces mots, la vision étendit le bras, me saisit par les cheveux et me souleva en l'air comme une plume. Alors seulement, je pus voir de près son visage, qui était énorme. Rien de plus tranquille ; pas de crispations violentes, aucune expression de haine ou de férocité ; son aspect unique, général, complet, était celui de l'impassibilité égoïste, de l'éternelle insensibilité, de la volonté immuable. Ses violences, si elle en avait, restaient enfermées dans son cœur. En même temps, dans ce visage d'expression glaciale, il y avait un air de jeunesse, un mélange de force et de vie, devant lequel je me sentais le plus débile et le plus décrépit des êtres.

— Tu m'entends, dit-elle, après un instant de mutuelle contemplation.

— Non, répondis-je, je ne veux pas t'entendre ; tu es absurde, tu es une fable. Je rêve, c'est certain ; ou s'il est vrai que j'ai perdu les sens, tu n'es pas autre chose qu'une conception d'aliéné, une chose vaine que la raison absente ne peut ni vérifier ni diriger. La Nature, toi ? La Nature que je connais est une mère et non une ennemie, elle ne fait pas de la vie un tourment, elle n'a pas comme toi ce visage aussi indifférent que la tombe. Et pourquoi ce nom de Pandore ?

— Parce que j'ai dans ma poche les biens et les maux, et le plus grand de tous, l'espérance, consolation des hommes. Tu trembles ?

— Oui, ton regard me fascine.

— Je le crois. Je ne suis pas seulement la vie, je suis aussi la mort et tu vas bientôt me rendre ce que je t'ai prêté. Grand voluptueux, la volupté du néant t'attend.

Ces paroles retentirent dans cette vallée immense comme un coup de tonnerre ; j'eus l'impression que c'était le dernier son qui arriverait jamais à mes oreilles ; je crus sentir en moi la décomposition subite de tout mon être. La regardant alors avec des yeux suppliants, je lui demandai de m'accorder encore quelques années.

— Pauvre minute ! s'exclama-t-elle. Pourquoi vouloir encore quelques instants de vie ? Pour dévorer et être dévoré ensuite ? N'es-tu pas fatigué du spectacle et de la lutte ? Tu connais déjà — et de trop — tout ce que je t'ai accordé de moins honteux ou de moins triste : l'éclat du jour, la mélancolie du soir, le calme de la nuit, les paysages de la terre, le sommeil enfin, le plus grand bienfait sorti de mes mains. Que veux-tu de plus, sublime idiot ?

— Vivre seulement, je ne te demande rien de plus. Qui donc, sinon toi, m'a mis dans le cœur cet amour de la vie ? Et si j'aime la vie, pourquoi te frapper toi-même en me tuant ?

— Parce que je n'ai plus besoin de toi. Le temps ne se soucie pas de la minute qui passe, mais de celle qui vient. La minute qui vient est forte, joyeuse, elle croit porter en elle l'éternité, et elle porte la mort et périt comme l'autre, mais le temps subsiste. Égoïsme, dis-tu ? Oui, égoïsme, je n'ai pas d'autre loi. Égoïsme, conservation. Le lion tue le bouvillon, parce que la seule règle du lion est qu'il doit vivre, et si le bouvillon est tendre, tant mieux : voilà la loi de l'univers. Monte ici et regarde.

Ce disant, elle m'emporta au sommet d'une montagne. Je laissai tomber mes regards sur un des versants et je pus contempler longuement, au loin, à travers un brouillard, une chose unique. Imagine, lecteur, une réduction et un défilé de tous les siècles, toutes les races, toutes les passions, le tumulte des empires, la guerre des appétits et des haines, la destruction réciproque des êtres et des choses. Tel était le spectacle, âpre et curieux spectacle. L'histoire de l'homme et de la terre se présentait ainsi avec une intensité que ne peuvent lui donner ni l'imagination ni la science, car la science est trop lente et l'imagination trop vague, tandis que j'avais sous mes yeux la condensation vivante de tous les temps. Pour la décrire, il faudrait pouvoir fixer l'éclair. Les siècles défilaient en tourbillon et cependant, parce que les yeux du délire sont différents, je distinguais tout ce qui passait devant moi — tourments et jouissances — depuis cette chose qui s'appelle la gloire jusqu'à cette autre qui s'appelle la misère, et je voyais l'amour multipliant la misère, et je voyais la misère aggravant la faiblesse. Et là passaient la cupidité qui dévore, la colère qui enflamme, l'envie qui bave, et la bêche et la plume, humides de sueur, et l'ambition, la faim, la vanité, la mélancolie, la richesse, l'amour, et tous agitaient l'homme comme une sonnette et finissaient par le déchirer comme une guenille. C'étaient les formes diverses d'un mal qui tantôt mordait les entrailles, tantôt mordait le cerveau et qui promenait éternellement son vêtement d'arlequin parmi l'espèce humaine. La douleur cédait à l'indifférence — un sommeil sans rêves — ou au plaisir — une douleur dégénérée. Alors l'homme, flagellé, se rebellait et se mettait à courir, devant la fatalité des choses, après une figure nébuleuse et fuyante, faite de pièces et de morceaux, un morceau d'impalpable, un autre d'improbable, un autre d'invisible, cousus à points précaires avec l'aiguille de l'imagination ; et cette figure — qui n'était autre que la chimère du bonheur — échappait sans cesse, ou bien se laissait attraper par le pan de sa robe, et l'homme l'étreignait ; elle riait alors d'un rire moqueur et s'évanouissait comme une illusion.

La vue de cette immense calamité m'arracha malgré moi un cri d'angoisse, que la Nature — ou Pandore — écouta sans protester ni rire ; et je ne sais par quelle loi de renversement cérébral, ce fut moi qui me mis à rire, d'un rire immodéré et stupide.

— Tu as raison, dis-je, la chose est divertissante et en vaut vraiment la peine ; un peu monotone peut-être mais elle en vaut la peine. Quand Job maudissait le jour où il avait été conçu, c'est qu'il avait le désir de contempler de haut ce spectacle. Allons, Pandore, ouvre ton ventre et digère-moi ; la chose est divertissante, mais digère-moi.

Sa réponse fut de me contraindre vigoureusement à regarder vers le bas et à voir les siècles qui continuaient à passer, rapides et turbulents, les générations qui se superposaient aux générations, les unes tristes, comme les Hébreux de la captivité, les autres gaies, comme les débauchés du temps de Commode, et toutes se présentant ponctuellement au tombeau. Je voulus fuir, mais une force mystérieuse enchaînait mes pieds. Je me dis alors : « Bien, les siècles passent, le mien arrivera et passera aussi, jusqu'au dernier qui me donnera l'explication de l'éternité. » Et je fixai les yeux, continuant à voir les âges arriver et défiler. J'étais maintenant calme et décidé, je me sentais même assez content. Oui, je puis peut-être dire content. Chaque siècle apportait sa part d'ombre et de lumière, de lutte et de veulerie, de vérité et d'erreur et tout son cortège de systèmes, d'idées nouvelles, de nouvelles illusions ; avec chacun d'eux s'épanouissaient les verdures d'un printemps, qui jaunissaient ensuite pour reverdir plus tard. À mesure que la vie passait ainsi avec la régularité d'un calendrier, l'histoire et la civilisation se construisaient, l'homme nu et désarmé s'habillait, s'armait, bâtissait la cabane et le palais et l'humble village de Thèbes aux cent portes, créait la science qui scrute et l'art qui exalte, devenait orateur, mécanicien, philosophe, parcourait la surface du globe, descendait dans les entrailles de la terre, s'élevait jusqu'au domaine des nuages, collaborant ainsi à l'œuvre mystérieuse d'entretenir la nécessité de la vie et la mélancolie de l'impuissance. Mes regards, las et distraits, virent enfin arriver le siècle présent et derrière lui les siècles futurs. Il arrivait agile, adroit, vibrant, plein de lui-même, un peu diffus, audacieux, savant, mais en fin de compte aussi misérable que les précédents, et il passa ainsi et ainsi passèrent les autres, avec la même rapidité, la même monotonie. Je redoublai d'attention, je fixai mes regards, j'allais voir enfin le dernier siècle – le dernier ! – mais la marche des âges était maintenant si rapide qu'elle échappait à toute compréhension ; auprès d'elle, l'éclair même eût duré un siècle. Pour cette raison peut-être, les objets commencèrent à se modifier : les uns grandissaient, les autres rapetissaient ou se perdaient dans l'ambiance ; un brouillard s'étendit sur l'ensemble – sauf sur l'hippopotame qui m'avait amené et qui d'ailleurs commençait à diminuer, à diminuer, à diminuer, jusqu'à prendre la taille d'un chat. C'était bien un chat. Je regardai avec attention. C'était mon chat *Sultan*, qui jouait à la porte de la chambre avec une boulette de papier.

8
Raison contre folie

Le lecteur a déjà compris que c'était la Raison qui revenait au logis et invitait la Folie à sortir, s'écriant comme Tartuffe, mais à plus juste titre :

« La maison est à moi, c'est à vous d'en sortir. »

Mais ce fut de tout temps l'habitude de la Folie de se plaire dans les maisons des autres, de telle sorte que, sitôt installée dans l'une, on peut difficilement l'en faire déménager. C'est son habitude, elle n'en démord pas ; il y a beau temps qu'elle a perdu toute vergogne. Et si nous réfléchissons au nombre considérable de maisons qu'elle occupe, les unes définitivement, les autres temporairement pendant les saisons chaudes, nous pouvons conclure que cette aimable étrangère est la terreur des propriétaires. Dans le cas présent, il y eut presque scandale à la porte de mon cerveau, parce que l'intruse ne voulait pas quitter la place, tandis que la maîtresse de maison entendait bien reprendre ce qui était à elle. La Folie finit par se contenter d'un petit coin dans le grenier.

– Non, madame, répliqua la Raison, je suis fatiguée de toujours vous céder les greniers, fatiguée et, en plus, instruite par l'expérience. Ce que vous voulez, c'est passer tout doucement du grenier à la salle à manger, de là au salon et dans toute la maison.

– C'est bon, mais alors laissez-moi rester encore un moment, je suis sur la piste d'un mystère...

– Quel mystère ?

– De deux mystères, rectifia la Folie ; celui de la vie et celui de la mort. Je ne vous demande que dix minutes.

La Raison se mit à rire :

– Vous serez décidément toujours la même... toujours la même... toujours la même...

Et ce disant, elle la prit par les poignets et la traîna dehors. Puis elle rentra et ferma la porte. La Folie gémit, supplia, grogna, mais très vite elle renonça à insister, tira la langue d'un air dédaigneux et s'en alla...

9
Transition

Et voyez maintenant avec quelle dextérité, avec quel art, j'effectue la plus grande des transitions de ce livre. Voyez : mon délire commença en présence de Virgilia ; Virgilia fut mon grand péché de jeunesse ; il n'y a pas de jeunesse sans enfance ; l'enfance suppose la naissance ; et voici comment nous arrivons sans effort au 20 octobre 1805, jour de ma naissance. Vous avez vu ? Aucun raccord apparent, rien qui puisse détourner et troubler l'attention du lecteur : rien. Le livre offre ainsi tous les avantages de la méthode, sans en avoir la rigidité. Mais en vérité, il était temps.

Pour ce qui est de la méthode, elle est certes une chose indispensable, le mieux cependant est de la porter sans cravate ni bretelles, mais en négligé, en déshabillé, comme qui ne s'inquiète ni de la voisine d'en face ni du commissaire du quartier. C'est comme l'éloquence, il en est une spontanée et vibrante, d'un art naturel et enchanteur — et une autre empesée, amidonnée, sans âme. Mais... revenons au 20 octobre.

10
Ce jour-là

Ce jour-là, l'arbre des Cubas vit éclore une fleur gracieuse : je naquis. Je fus reçu dans les bras de la Pascoela, sage-femme renommée, originaire du Minho, qui se vantait d'avoir ouvert la porte du monde à toute une génération de gentilshommes. Il n'est pas impossible que mon père ait entendu d'elle cette déclaration ; je crois cependant que ce fut le pur sentiment paternel qui l'incita à la gratifier de deux demi-doublons. Sitôt lavé et emmailloté, je devins le héros de la maison. Chacun faisait à mon sujet les pronostics les plus appropriés à son goût. Mon oncle João, l'ancien officier d'infanterie, me trouvait quelque chose du regard de Bonaparte, ce que mon père ne put entendre sans dégoût ; mon oncle Ildefonso, alors simple prêtre, me voyait déjà chanoine.

— C'est chanoine qu'il sera, assurément. Je ne dis pas plus pour ne pas paraître orgueilleux ; mais je ne serais pas étonné si Dieu le destinait à l'épiscopat... Évêque, vraiment, ce n'est pas impossible. Qu'en dis-tu, frère Bento ?

Mon père répondait que je serais ce que Dieu voudrait ; et il m'élevait en l'air, comme s'il eût voulu me montrer à la ville et à l'univers ; il demandait à tous si je lui ressemblait, si j'étais beau, intelligent.

Je raconte tout cela *grosso modo*, d'après ce que j'ai entendu raconter bien des années après ; j'ignore la majeure partie des détails de ce fameux jour. Je sais que les voisins vinrent ou envoyèrent saluer le nouveau-né et que durant les premières semaines la maison reçut de nombreuses visites. Il n'y eut chaise à porteurs sans travail ; mainte redingote, mainte culotte sortirent des armoires. Et si je passe sous silence les caresses, les baisers, les admirations, les bénédictions, c'est que, si j'en parlais, je ne pourrais plus terminer ce chapitre, qu'il faut cependant bien terminer.

De mon baptême je ne puis rien dire, car on ne m'a rien rapporté sur cet événement, sauf que ce fut une des plus belles fêtes de l'année suivante, 1806. Je fus baptisé en l'église Saint-Dominique, un mardi de mars, par une belle journée, lumineuse et pure. J'eus pour parrain et marraine le colonel Rodrigues de Matos et sa femme. Tous deux, descendants de vieilles familles du Nord, honoraient véritablement le sang qui coulait dans leurs veines, un sang jadis répandu au cours de la guerre contre la Hollande. Leurs noms furent, je crois, une des premières choses que j'appris. Je devais certainement les dire avec beaucoup de grâce ou révéler en cela quelque talent précoce, car on ne manquait pas de me les faire réciter devant toute personne étrangère :

— Nhonhô, dis à ces messieurs comment s'appelle ton parrain.

— Mon parrain, c'est M. le colonel Paulo Vaz Lobo César de Andrade et Souza Rodriguès de Matos ; ma marraine, c'est Mme Maria Luiza de Macedo Rézende et Souza Rodriguès de Matos.

— Il est intelligent, ce petit ! s'exclamaient les assistants.

— Oui, très intelligent, convenait mon père, les yeux brillants d'orgueil ; et il passait la main sur ma tête, me contemplait longuement, ravi, plein de lui-même.

Je ne sais au juste à quel âge je commençai à marcher, mais ce fut avant le temps habituel. Sans doute pour presser la nature, de bonne heure on m'obligea à marcher, cramponné aux chaises, ou tenu par le pan de mon vêtement, ou appuyé à de petits chariots de bois. — « Tout seul, Nhonhô, tout seul », disait la mucama. Attiré par le hochet que ma mère agitait devant moi, j'allais de l'avant, tombant de-ci, tombant de-là ; et je marchais, probablement mal, mais je marchais et je continuais à marcher.

11
L'enfant est le père de l'homme

Je grandis ; et en cela la famille n'eut pas à intervenir. Je grandis naturellement, comme grandissent les chats et les magnolias. Les chats sont peut-être moins rusés et les magnolias certainement moins turbulents que je ne l'étais dans mon enfance. Un poète a dit que l'enfant est le père de l'homme. Si cela est vrai, examinons quelques-uns des traits de l'enfant.

Dès l'âge de cinq ans, j'avais mérité le surnom de « petit diable » ; et certainement je n'en méritais pas d'autre. Je fus parmi les plus difficiles de mon temps, malicieux, indiscret, turbulent, volontaire. Un jour, par exemple, je manquai d'assommer une esclave qui m'avait refusé une cuillère de la confiture de coco qu'elle était en train de cuire ; non content de cette méchanceté, je jetai une poignée de cendres dans la bassine ; et non content encore de ce méfait, j'allai dire à ma mère que c'était l'esclave qui avait fait exprès de gâter la confiture ; j'avais alors à peine six ans. Prudencio, un petit nègre de la maison, me servait tous les jours de cheval ; il se mettait à quatre pattes, je lui passais une ficelle entre les mâchoires en guise de rênes, je montais sur son dos, une baguette à la main, et je le fouettais, le faisant tourner et retourner d'un côté et de l'autre. Il obéissait, parfois en gémissant, mais en général sans mot dire, laissant tout au plus échapper un : — « Aïe, Nhonhô ! » auquel je répondais : — « Tais-toi, animal. » Cacher les chapeaux des visiteurs, tirer les queues des perruques, coller des bouts de papier au derrière des personnes sérieuses, pincer les bras des grosses dames et bien d'autres exploits de ce genre étaient sans doute les marques d'un naturel indocile, mais je crois que c'étaient également les manifestations d'un caractère énergique, car mon père m'avait en grande admiration ; et si parfois il me réprimandait en public, c'était simple formalité ; sitôt seuls, il m'embrassait.

N'allez pas conclure de là que j'aie passé tout le reste de ma vie à briser des têtes et à cacher des chapeaux ; mais entêté, égoïste et quelque peu contempteur du genre humain, je reconnais l'avoir été ; et si je n'ai pas passé mon temps à cacher des chapeaux, il m'est arrivé bien souvent de tirer les queues des perruques.

D'ailleurs, j'ai toujours pris plaisir à la contemplation de l'injustice humaine, avec une tendance à l'atténuer, à l'expliquer, à la classer par catégories, à l'interpréter, non suivant une règle rigide, mais au gré des lieux et des circonstances. Ma mère m'éduquait à sa façon, me faisait réciter des sentences et des prières ; mais je me sentais gouverné par les nerfs et par le sang plus que par les prières, et les bons principes, privés de la force spirituelle qui les vivifie, n'étaient pour moi qu'une vaine formule. Le matin, avant le petit-déjeuner, et le soir, avant le coucher, je demandais à Dieu de me pardonner mes offenses comme je pardonnais à ceux qui m'avaient offensé ; mais, entre le matin et le soir, je faisais quelque grosse sottise, et mon père, l'incident terminé, me donnait de petites tapes sur la joue et disait en riant : — « Ah ! polisson ! ah ! polisson !... »

Oui, mon père m'adorait. Ma mère était une femme faible, de petit esprit et de grand cœur, assez crédule, sincèrement pieuse — casanière, bien que jolie, et modeste, bien que riche — craignant le tonnerre et son mari. Le mari était son dieu sur la terre. Mon éducation fut le résultat de la collaboration de ces deux êtres, éducation qui, si elle avait du bon par certains côtés, était de façon générale défectueuse, incomplète et, en partie, négative. Mon oncle le chanoine faisait parfois des remontrances à son frère : il lui reprochait de me donner plus de liberté et de tendresse que de formation et de redressement. Mais mon père répondait qu'il appliquait à mon éducation un système très supérieur aux méthodes habituelles ; sans convaincre son frère, il s'illusionnait ainsi lui-même.

En même temps que l'atavisme et l'éducation, l'influence extérieure, le milieu familial, exerçaient leur action. Nous avons déjà parlé de mon père et de ma mère ; voyons maintenant mes oncles. L'un d'eux, João, était un homme de mœurs relâchées, au langage fort libre, à la conversation grivoise. Je n'avais pas plus de onze ans lorsqu'il commença à raconter devant moi des anecdotes, réelles ou non, toutes entachées d'indécence ou d'obscénité. Il ne respectait pas plus ma jeunesse que la soutane de son frère ; avec cette différence que celui-ci se sauvait dès que João s'engageait dans une voie scabreuse. Moi non ; je restais, au début sans rien comprendre, puis je compris et je finis par y prendre plaisir. Au bout d'un certain temps, c'était moi qui le recherchais. Il m'aimait beaucoup, me donnait des bonbons, m'emmenait promener. Quand il passait quelques jours à la maison, il m'arrivait souvent de le trouver au fond du jardin, près du lavoir, causant avec les négresses qui lavaient le linge ; et c'était un défilé d'histoires, d'anecdotes, de questions, et des éclats de rire que personne ne pouvait entendre, car le lavoir était loin de la maison. Les négresses, le pagne autour des reins, les pans retroussés, les unes dans le bassin, les autres dehors, penchées sur les pièces de lessive, les savonnaient, les battaient, les tordaient, tout en écoutant et en renvoyant les plaisanteries de l'oncle João, qu'elles ponctuaient de temps en temps de ce commentaire :

– Mon Dieu, quel diable !... Ce monsieur João, c'est le diable !

Bien différent était mon oncle le chanoine. Sa vie était toute de pureté et d'austérité ; ces qualités, du reste, ne contribuaient pas à donner plus de valeur à un esprit supérieur, elles servaient simplement de compensation à un esprit médiocre. Il n'était pas homme à saisir la substance de la religion : il n'en voyait que le côté extérieur, la hiérarchie, les préséances, les ornements, les cérémonies. Il tenait de la sacristie plus que de l'autel. Une erreur dans le rituel l'indignait plus qu'une infraction aux commandements. Maintenant, à tant d'années de distance, je ne suis pas certain qu'il aurait pu se tirer sans peine d'un passage de Tertullien ou exposer sans anicroche l'histoire du Symbole de Nicée ; mais personne, dans les fêtes chantées, ne savait mieux que lui le nombre et le moment des révérences dues à l'officiant. Être chanoine fut l'unique ambition de sa vie et il déclarait en toute sincérité que c'était la plus haute dignité à laquelle il pouvait aspirer. Pieux, austère dans ses mœurs, minutieux dans l'observance des règles, faible, timide, subalterne, il possédait quelques vertus exemplaires, mais manquait absolument de force pour les inculquer, pour les imposer aux autres.

Je ne dirai rien de ma tante maternelle, Dona Emerenciana, bien qu'elle fut la personne qui ait eu le plus d'autorité sur moi ; elle était très différente du reste de la famille, mais elle vécut peu de temps parmi nous, deux ans environ. Nous avions encore d'autres parents et quelques intimes, qui ne valent pas la peine d'être cités ; il n'y avait pas entre eux et nous de vie commune, mais une vie intermittente coupée de longues séparations. La seule chose qui importe, c'est le ton général du milieu domestique et je vous l'ai dépeint : vulgarité d'esprit, amour du clinquant et du bruit, faiblesse de la volonté, règne du caprice – et le reste.

Tels étaient le sol et l'engrais qui firent éclore cette illustre fleur.

12
Un épisode de 1814

Mais je ne veux pas continuer plus avant, sans raconter brièvement un plaisant épisode de 1814. J'avais alors neuf ans.

Lors de ma naissance, Napoléon était déjà dans tout l'éclat de sa gloire et de sa puissance : il était empereur et avait attiré sur lui l'admiration du monde. Mon père, qui, à force de convaincre les autres de la noblesse de notre famille, avait fini par s'en convaincre lui-même, nourrissait à son égard une haine purement mentale. C'était là un motif de discussions passionnées à la maison, car mon oncle João, sans doute par esprit de caste et sympathie professionnelle, pardonnait au tyran par admiration pour le général ; mon oncle le curé, lui, était sans pitié pour le Corse ; nos autres parents différaient entre eux d'opinion ; d'où les controverses et les disputes.

Quant parvint à Rio de Janeiro la nouvelle de la première abdication de Napoléon, il y eut naturellement grand émoi dans notre maison, mais on s'abstint de toute raillerie et de tout sarcasme. Les vaincus, témoins de la joie publique, jugèrent le silence plus digne ; quelques-uns allèrent jusqu'à applaudir. La foule, dans l'élan de sa joie, ne ménagea pas les démonstrations d'affection à la famille royale : illuminations, salves, *Te Deum*, défilés, acclamations. J'arborais ces jours-là pour la première fois une petite épée, que mon parrain m'avait donnée le jour de la Saint-Antoine et je dois dire qu'elle m'intéressait beaucoup plus que la chute de Bonaparte. Jamais je n'ai oublié cet incident. Jamais je n'ai cessé de penser en moi-même que notre petite épée est toujours plus grande pour nous que l'épée de

Napoléon. Du temps que j'étais vivant, j'ai entendu maint discours, j'ai lu mainte page pleine de grandes idées et de bien plus grands mots, mais je ne sais pourquoi, au milieu des approbations qui sortaient forcément de ma bouche, j'entendais parfois, comme un écho, ce jugement de l'expérience :

— Va-t-en, tu ne penses qu'à ta petite épée.

Ma famille ne se contenta pas de prendre une part anonyme à l'allégresse publique ; elle estima opportun et indispensable de célébrer la chute de l'Empereur par un dîner, un dîner tel que le bruit des acclamations arrivât jusqu'aux oreilles de Son Altesse ou tout au moins de ses ministres. Aussitôt dit que fait. On sortit toute la vieille argenterie héritée de mon aïeul Luiz Cubas ; on sortit les nappes de Flandres, les grandes jarres de l'Inde ; on tua un porc ; on commanda aux sœurs du Bon Secours les compotes et les marmelades ; on lava, frotta, nettoya les salles, les escaliers, les chandeliers, les bobèches, les verres de lampe, tous les apprêts du luxe classique.

À l'heure dite, une société choisie se trouva réunie : un juge, trois ou quatre officiers, quelques commerçants et lettrés, plusieurs fonctionnaires de l'administration, les uns avec leurs femmes et leurs filles, les autres seuls, mais tous communiant dans un même désir d'enterrer la mémoire de Bonaparte dans le ventre d'une dinde. Ce n'était pas un dîner, c'était un *Te Deum*, selon l'expression d'un des lettrés présents, le Dr Villaça, improvisateur renommé, à qui notre festin dut le complément d'un dessert poétique. Je vois encore ce Villaça, comme si c'était hier, je le vois se lever, avec sa longue perruque à queue et son habit de soie, une émeraude au doigt, demander à mon oncle l'abbé de lui indiquer un refrain, puis, le refrain donné, les yeux fixés sur l'une des dames, tousser, lever la main droite les doigts fermés, sauf l'index dressé vers le plafond et, ayant ainsi posé et composé son attitude, développer son improvisation. Il débuta non par un mais par trois impromptus ; après quoi, on put croire qu'il avait juré de ne plus s'arrêter. Il demandait un sujet, on le lui donnait, il improvisait rapidement et aussitôt en redemandait un autre et un autre encore ; à tel point que l'une des dames présentes ne put contenir l'expression de sa profonde admiration.

— Vous parlez ainsi, madame, répondit modestement Villaça, parce que vous n'avez jamais entendu Bocage, comme je l'ai entendu moi-même, à la fin du siècle dernier, à Lisbonne. Ah celui-là ! quel poète ! et quelle facilité ! Nous avons fait ensemble des concours d'improvisation de une et deux heures de suite, au café Nicola, au milieu des applaudissements et des bravos. Immense talent que celui de Bocage ! C'est ce que me disait tout dernièrement Mme la Duchesse de Cadaval...

Ces trois derniers mots, prononcés avec une certaine emphase, firent passer sur l'assemblée un frisson d'admiration et de ravissement. Ainsi cet homme si doué, si simple, non seulement rivalisait avec des poètes, mais était en relations avec des duchesses ! Un Bocage et une Cadaval ! Au contact d'un tel homme les femmes se sentaient devenir d'une essence supérieure, les hommes le regardaient avec respect, quelques-uns avec envie, un certain nombre avec incrédulité. Lui cependant allait son chemin, accumulait adjectif sur adjectif, adverbe sur adverbe, défilant toutes les rimes connues des mots *tyran* et *usurpateur*. On était au dessert, personne ne pensait plus à manger. Dans l'intervalle des improvisations courait un gai bourdonnement, le bavardage des estomacs satisfaits. Les regards des convives se traînaient paresseusement, humides et vagues, ou bien sautaient, ardents et vifs, d'un bout à l'autre de la table, couverte de gâteaux et de fruits — ananas en rondelles, melons en tranches — de compotiers de cristal, laissant transparaître la confiture de coco, jaune comme une topaze, ou le jus de canne, épais et sombre, à côté du fromage et de l'igname. De temps à autre, un rire large, jovial, un bon rire de famille, à ventre déboutonné, venait rompre la gravité de ce festin politique. Dans ce cadre commun d'intérêt général s'agitaient aussi les petits soucis particuliers. Les jeunes femmes parlaient de la danse anglaise, du menuet, des airs qu'elles chanteraient au clavecin. Il ne manquait pas de matrone pour promettre qu'elle danserait quelques pas, rien que pour montrer comment on s'amusait au bon temps de sa jeunesse. Un individu, près de moi, donnait à un autre les derniers renseignements sur un arrivage prochain de nègres, suivant des lettres qu'il avait reçues de Luanda : une lettre dans laquelle son neveu lui disait avoir déjà traité pour quarante têtes et une autre lettre qui... Il les avait justement dans sa poche, mais ne pouvait en donner lecture en ce moment. Ce qu'il garantissait, c'est que nous pouvions compter, rien qu'à ce voyage, sur quelque cent vingt nègres pour le moins.

Puis Villaça frappait dans ses mains. Tout bruit cessait aussitôt, comme dans un orchestre qui s'arrête, et les yeux se tournaient vers l'improvisateur. Ceux qui étaient loin de lui mettaient la main en cornet à leur oreille pour ne pas perdre un mot ; la plupart, avant même d'entendre, arboraient déjà un sourire d'approbation, banal et candide.

Quant à moi, j'étais là, solitaire et oublié, lorgnant avec amour une certaine compote dont je raffolais. J'accueillais avec joie la fin de chaque poésie, espérant que c'était la dernière. Il n'en était rien et le dessert restait intact. Personne ne pensait à donner l'exemple. Mon père, au haut bout de la table, savourait à longs traits l'entrain des convives, s'admirait lui-même dans les visages excités, dans les plats, dans les fleurs, se délectait de la familiarité qui s'établissait sous l'influence d'un bon dîner entre les esprits les plus dissemblables. Je m'en rendais compte, parce que mes regards allaient de la compote à mon père et de mon père à la compote, comme pour lui demander de me servir. Mais en vain : il ne voyait que lui-même. Et les poésies se succédaient, comme pluie battante, m'obligeant à rengaîner mon désir et ma demande. Je patientai autant que je pus, c'est-à-dire pas beaucoup. Je demandai d'abord d'une voix douce et basse ; puis je criai, je hurlai, je tapai des pieds. Mon père, qui eût été capable de me donner le soleil, si je l'avais demandé, appela un noir pour me servir ; mais il était trop tard. Ma tante Emerenciana m'avait enlevé de ma chaise et m'avait remis à une esclave, malgré mes cris et mes protestations.

Ce fut là le seul tort de l'improvisateur à mon égard : d'avoir retardé l'heure de la compote et d'avoir été ainsi cause de mon expulsion. Mais cela suffit pour que je rêvasse d'une vengeance, n'importe laquelle, pourvu qu'elle fût belle et exemplaire, qu'elle le rendît ridicule d'une façon quelconque. Le Dr Villaça était un homme sérieux, posé, mesuré, quarante-sept ans, marié, père de famille. Il me fallait autre chose qu'une queue de perruque tirée ou un morceau de papier accroché, quelque chose de bien pire. Je me mis à l'épier pendant tout le reste de la soirée, je le suivis dans le jardin, où tout le monde était descendu se promener. Je le vis causer avec Dona Eusébia, sœur du major Dominguès, robuste fille d'un certain âge qui, sans être jolie, n'était cependant pas laide.

— Je suis très fâchée contre vous, disait-elle.

— Et pourquoi ?

— Parce que... je ne sais pas... parce que c'est ma destinée de... il y a des jours où je voudrais mourir...

Ils étaient entrés dans un bosquet. On était entre chien et loup. Je les suivis. L'ivresse du vin et du désir faisait briller les yeux de Villaça.

— Laissez-moi ! disait-elle.

— Personne ne nous voit. Mourir, mon ange ? Quelle idée ! Vous savez que j'en mourrais aussi... que dis-je ?... que je meurs tous les jours, d'amour, de désir...

Dona Eusébia porta son mouchoir à ses yeux. L'improvisateur cherchait dans tous les coins de sa mémoire quelque bribe littéraire et trouva celle-ci, que je sus plus tard empruntée à l'un des opéras de José da Silva :

— Ne pleure pas, mon amour ; ne demande pas au jour de se lever avec deux aurores.

Tout en parlant, il l'attirait vers lui ; elle résista un peu, puis s'abandonna. Leurs lèvres s'unirent et j'entendis le bruit très léger d'un baiser, le plus timide des baisers.

— Le Dr Villaça vient d'embrasser Dona Eusébia, hurlai-je à tue-tête en galopant à travers le jardin.

Ces mots éclatèrent comme une détonation. La stupéfaction cloua tout le monde sur place. Des regards amusés glissaient de côté ; on échangeait en cachette des sourires, des réflexions ; les mères emmenaient leurs filles, en prétextant la crainte du serein. Mon père, vraiment mécontent de mon indiscrétion, fit mine de me tirer les oreilles. Mais le lendemain, au déjeuner, rappelant l'incident, il me pinçait le bout du nez en riant : « Ah ! polisson ! Ah ! polisson ! »

13
Un saut

Et maintenant, sautons à pieds joints par-dessus l'école, l'ennuyeuse école, où j'appris à lire, écrire, compter, donner des taloches et en recevoir, polissonner sur les plages, sur les collines, dans tous les lieux propices à l'école buissonnière.

Ce temps d'école avait ses amertumes ; il y avait les réprimandes, les punitions, les leçons difficiles et longues, et pas grand-chose de plus, très peu, presque rien. Le plus dur était la férule, et cependant... Ô férule, terreur de mes années d'enfance, toi qui fus le *compelle intrare* dont usa un vieux maître, ossu et chauve, pour faire entrer dans mon cerveau l'alphabet, la prosodie, la syntaxe et tout ce qu'il savait, férule bénie, si honnie aujourd'hui, que ne suis-je resté sous ton joug, avec mon âme juvénile, mes ignorances et ma petite épée, cette petite épée si supérieure à l'épée de Napoléon ! Que demandais-tu, en fin de compte, vieux maître de mes premières leçons ? Des récitations par cœur, une bonne tenue en classe : rien de plus, rien de moins que ce que demande la vie qui nous donne, elle, les dernières leçons ; avec cette différence que toi, si tu m'inspirais de la crainte, tu ne m'inspiras jamais d'aversion. Je te vois encore entrer dans la salle avec tes pantoufles de cuir blanc, ta casaque, le mouchoir à la main, le crâne nu, la barbe rasée de près ; je te vois t'asseoir, souffler, grogner, renifler une première prise, puis nous appeler pour la récitation. Et tu fis cela pendant vingt-trois ans, discret, effacé, ponctuel, pauvrement logé dans une petite maison de la rue du Pou, sans importuner le monde de ta médiocrité, jusqu'au jour où tu fis le grand plongeon dans les ténèbres et où personne, sauf un vieux noir, ne te pleura — personne ni moi, qui te devais pourtant les rudiments de l'écriture.

Notre maître s'appelait Ludgero ; mais je tiens à donner ici son nom complet : Ludgero Cafard — un nom funeste, éternel sujet de plaisanterie pour les enfants. Un de nous surtout, Quincas Borba, se montrait cruel pour le pauvre homme. Deux ou trois fois par semaine, il glissait dans la poche de son pantalon — un large pantalon à coulisse — ou dans le tiroir de sa table ou à côté de son encrier un cafard mort. S'il venait à découvrir la chose au cours des heures de classe, le maître sursautait, promenait sur nous des regards flamboyants et nous traitait de tous les noms : nous étions des malappris, des sauvages, des polissons, des canailles. Les uns tremblaient, les autres murmuraient ; mais Quincas Borba restait impassible, les yeux fixés au plafond.

Une merveille, ce Quincas Borba. Jamais de mon enfance, jamais de toute ma vie, je n'ai rencontré garçon plus charmant, plus inventif, plus espiègle. C'était la merveille non seulement de l'école, mais de la ville entière. La mère, veuve, ayant quelque bien, adorait son fils, il était choyé, pomponné, élégant, toujours suivi d'un superbe laquais, un laquais qui nous laissait faire l'école buissonnière, dénicher les oiseaux, poursuivre les lézards sur les collines de la Délivrance ou de la Conception, ou tout simplement flâner à l'aventure, comme deux jeunes élégants désœuvrés. Et en Empereur ! C'était une joie de voir Quincas Borba faire l'Empereur aux fêtes du Saint-Esprit. Du reste, dans nos jeux d'enfants, il choisissait toujours un rôle de roi, de ministre, de général, il lui fallait une supériorité quelconque, une certaine grandeur dans les attitudes, dans les gestes. Qui aurait dit alors que... Mais arrêtons notre plume ; nous n'avançons pas. Allons d'un bond jusqu'à 1822, date de notre indépendance politique et de mon premier esclavage personnel.

14
Le premier baiser

J'avais dix-sept ans, quelques poils follets qui me désespéraient et dont je m'évertuais à faire une moustache. Mes yeux, vifs et décidés, étaient ce qu'il y avait vraiment de plus mâle dans ma physionomie. Comme je faisais montre d'une certaine arrogance, on ne discernait pas bien si j'étais un enfant qui voulait faire l'homme ou un homme avec des airs d'enfant. Au total, j'étais un beau garçon, beau et hardi, qui entrait dans la vie avec bottes et éperons, cravache à la main, du sang dans les veines, chevauchant un coursier nerveux, solide, rapide, comme le coursier des antiques ballades que le romantisme alla chercher dans le château médiéval pour le promener dans les rues de notre siècle. Le malheur est qu'on surmena à tel point ce pauvre coursier, qu'il fallut le mettre au rancart ; le réalisme l'y découvrit, rongé de gale et de vermine, et, par compassion, le transporta dans ses livres.

Oui, c'était moi, ce beau garçon, riche et bien tourné ; et l'on peut imaginer sans peine que plus d'une femme inclina devant moi son front pensif ou leva sur moi des regards de convoitise. Mais, de toutes, celle qui me captiva d'emblée fut une... une... comment dirai-je... — ce livre est pudique, au moins en intention ; en intention, il est même extrêmement pudique. Mais voilà ; il faut dire tout ou rien. Celle donc qui me captiva fut une espagnole, Marcella, « la belle Marcella », comme l'appelaient les jeunes gens de l'époque. Et ils avaient raison, les jeunes gens ! Elle était fille d'un jardinier des Asturies ; elle me l'avoua elle-même, en un jour de sincérité, car l'opinion courante lui donnait pour père un avocat de Madrid, victime de l'invasion française, blessé, incarcéré et fusillé, alors qu'elle n'avait que douze ans. *Cosas de España !* Mais, quel que fût le père, jardinier ou avocat, la vérité est que Marcella ne possédait ni l'innocence rustique ni la simple compréhension de la morale du code. Elle était bonne fille, gaie, sans scrupules, un peu gênée par l'austérité de l'époque, qui ne lui permettait pas de promener par la ville ses voitures et ses extravagances ; impatiente de vivre, aimant le luxe, l'argent, les jeunes gens. Cette année-là, elle se mourait d'amour pour un certain Xavier, riche et phtisique — une perle.

Je la vis pour la première fois au Rocio Grande, un soir d'illuminations, le jour où fut connue la Déclaration de l'Indépendance, joyeux printemps, première éclosion de l'âme nationale. Nous étions deux adolescents, le peuple et moi ; nous sortions de l'enfance, avec toute l'impétuosité de la jeunesse. Je la vis, dis-je, descendre d'une chaise à porteurs, belle, gracieuse, svelte et souple, avec une aisance hardie que je n'avais jamais rencontrée chez les femmes honnêtes. — « Suis-moi », dit-elle au laquais. Et je la suivis moi-même, aussi esclave que l'autre. Comme si l'ordre m'eût été donné à moi, je la suivis, amoureux, le cœur vibrant et plein d'une lumineuse aurore. Chemin faisant, quelqu'un l'appela « belle Marcella » ; je me souvins d'avoir entendu prononcer ce nom par mon oncle João et je restai là sur place, je restai là, tout étourdi, je l'avoue.

Trois jours après, mon oncle me demanda, en secret, si je voulais me rendre à un souper de femmes, aux Cajueiros. Nous y allâmes : c'était chez Marcella. Xavier, avec tous ses tubercules, présidait ce festin nocturne. Je mangeai peu ou pas, car je n'avais d'yeux que pour la maîtresse de maison. Quel charme avait cette Espagnole ! Il y avait là une demi-douzaine de femmes — toutes filles légères — jolies, charmantes... mais l'Espagnole !... L'enthousiasme, quelques verres de vin, un désir impérieux, fou, tout cela me poussa à faire une chose unique. En sortant, à la porte de la rue, je dis à mon oncle d'attendre un instant et je remontai l'escalier.

— Vous avez oublié quelque chose ? me demanda Marcella debout sur le palier.

— Mon mouchoir.

Elle allait me conduire au salon ; je la saisis, l'attirai à moi et lui donnai un baiser. Je ne sais si elle dit quelque chose, si elle cria, si elle appela ; je ne sais rien ; je sais que je redescendis l'escalier, rapide comme l'ouragan et vacillant comme un homme ivre.

15
Marcella

Je mis trente jours pour aller du Rocio Grande jusqu'au cœur de Marcella. Je ne chevauchais plus le coursier de l'aveugle désir, mais l'âne de la patience, à la fois rusé et entêté. C'est qu'il y a, en fait, deux manières de conquérir les bonnes grâces des femmes : la manière violente, à l'instar du taureau d'Europe, et la manière insinuante, celle du cygne de Léda ou de la pluie d'or de Danaé ; trois inventions du vieux Jupiter, aujourd'hui passées de mode, que j'ai donc remplacées par le cheval et l'âne. Je ne vous dirai pas les ruses que je tramai, ni les gens que je soudoyai, ni les alternatives d'espoir et de crainte, ni les vaines attentes, ni aucun de ces usuels préliminaires. Mais je puis vous affirmer que l'âne fut digne du coursier, un âne de Sancho Panza, vraiment philosophe, qui, au bout de ladite période, me conduisit chez la belle ; je mis pied à terre, je lui donnai une tape sur la croupe — et je l'envoyai paître.

Premier émoi de ma jeunesse, quelle fut ta douceur ! Tel dut être, dans la création biblique, l'effet du premier soleil. Imaginez cet effet du premier soleil, cet éclat frappant soudain la face du monde naissant. Ce fut la même chose, ami lecteur, et si tu as jamais eu dix-huit ans, tu dois te rappeler qu'il en fut ainsi.

Il y eut deux phases dans notre amour, ou dans notre liaison, quel qu'en soit le nom, les noms m'importent peu. Il y eut la phase consulaire et la phase impériale. Dans la première, qui fut courte, nous exercions le pouvoir, Xavier et moi, sans qu'il ait jamais cru partager avec moi le gouvernement de Rome ; mais, quand la crédulité ne put plus résister à l'évidence, Xavier déposa les insignes et je concentrai tous les pouvoirs dans ma main : ce fut la phase césarienne. L'univers était à moi ! Mais, malheureusement, il ne l'était pas gratuitement. Il me fallut trouver de l'argent, le multiplier, l'inventer. Je profitai d'abord des largesses de mon père ; il me donnait tout ce que je lui demandais sans hésiter, sans rechigner, sans me faire de reproches. Il disait à tous que j'étais jeune et que lui aussi l'avait été ! Mais l'abus finit par être tel qu'il restreignit ses largesses, un peu d'abord, puis davantage, et de plus en plus. Je recourus alors à ma mère, l'amenant à détourner quelques petites sommes, qu'elle me passait en cachette. Mais c'était peu ; il me restait une dernière ressource : je me mis à tirer sur l'héritage paternel, à signer des billets qu'il me faudrait racheter un jour avec usure.

— Vraiment, me disait Marcella, quand je lui apportais quelque soierie ou quelque bijou, vraiment vous voulez que nous nous brouillions... est-ce une chose à faire... un cadeau pareil...

Et, s'il s'agissait d'un bijou, tout en parlant ainsi, elle l'admirait, le retournait entre ses doigts, cherchait à le mettre en bonne lumière, l'essayait sur elle, riait, m'embrassait, me ré-embrassait avec une ardeur sincère ; malgré ses protestations, la joie éclatait dans ses yeux et j'étais heureux de la voir ainsi. Elle avait un faible pour nos anciens doublons d'or, et je lui en apportais autant que j'en pouvais trouver. Elle les rangeait dans une cassette en fer, dont personne n'a jamais su où elle mettait la clef ; elle la cachait par crainte des esclaves. La maison où elle habitait, aux Cajueiros, était à elle. Tout y était de bonne et solide qualité, les meubles en jacaranda sculpté, et tout le reste, miroirs, jarres, vaisselle — une belle vaisselle des Indes, que lui avait donnée un magistrat. Ah ! vaisselle du diable, combien tu as pu m'agacer ! Il m'arriva plus d'une fois de le dire à Marcella ; je ne lui cachais pas la répugnance que m'inspiraient ces témoignages — et d'autres — de ses amours d'antan. Elle m'écoutait et riait, avec un air de candeur — de candeur mêlée d'un autre élément, que je ne saisissais pas bien alors ; maintenant, en rappelant mes souvenirs, j'y retrouve une sorte de rire mixte, comme celui d'une créature qui serait née, par exemple, de l'union d'une sorcière de Shakespeare avec un séraphin de Klopstock. Je ne sais si je me fais comprendre. Connaissant parfaitement ma jalousie rétrospective, elle semblait prendre plaisir à l'exciter. C'est ainsi que, un jour où je n'avais pu lui donner certain collier qu'elle avait vu chez un bijoutier, elle me répondit que ce n'était qu'un badinage, que notre amour n'avait pas besoin d'un stimulant aussi vulgaire.

— Je ne vous pardonnerais pas, si vous aviez de moi cette triste opinion, conclut-elle en me menaçant du doigt.

Et brusquement, vive comme un petit oiseau, elle me prit la figure entre les paumes des mains, m'attira à elle, avec une gentille grimace, une grimace d'enfant. Puis, allongée sur le canapé, elle continua sur le même sujet avec une franche simplicité. Jamais elle ne laisserait acheter son amour. Plus d'une fois elle avait vendu les apparences, mais la réalité, elle la gardait pour quelques élus. Duarte, par exemple, le sous-lieutenant Duarte, qu'elle avait vraiment aimé deux ans auparavant, Duarte parvenait difficilement, comme moi-même, à lui faire accepter quelque objet de prix ; elle ne consentait à recevoir de lui que des cadeaux de peu de valeur, tels que la croix d'or qu'il lui avait donnée un jour de fête.

— Cette croix...

Et, mettant la main dans son sein, elle en tira une petite croix en or, suspendue au cou par un ruban bleu.

— Mais cette croix, remarquai-je, ne m'as-tu pas dit que c'était ton père qui...

Marcella secoua la tête d'un air de pitié indulgente :

— Tu n'as pas compris que c'était un mensonge, que je disais cela pour ne pas te faire de peine ? Viens ici, *chiquito*, ne sois pas toujours tellement méfiant... J'ai aimé un autre : qu'importe, puisque c'est fini ? Un jour, quand nous nous séparerons...

— Ne dis pas cela ! criai-je.

— Tout a une fin ! Un jour...

Elle ne put continuer, un sanglot lui coupa la parole ; elle tendit les mains, prit les miennes, m'attira sur son sein et me murmura à l'oreille, tout bas : — « Jamais, jamais, mon amour ! » Je la remerciai les yeux humides. Le jour suivant, je lui apportai le collier qu'elle avait refusé.

— Pour te souvenir de moi, lorsque nous nous séparerons, lui dis-je.

Marcella ne répondit d'abord que par un silence indigné. Puis elle eut un geste magnifique : elle voulut jeter le collier par la fenêtre. Je lui retins le bras ; je la suppliai de ne pas me faire une telle injure et d'accepter la parure. Elle sourit et la garda.

D'ailleurs, elle me récompensait largement de mes sacrifices ; elle épiait mes pensées les plus secrètes ; je n'avais de désir qu'elle ne satisfît de bon gré, sans effort, par une sorte de loi de conscience, de besoin du cœur. Ce n'était jamais un désir bien raisonnable, mais un pur caprice, un enfantillage, la voir habillée de telle ou telle façon, avec telle ou telle parure, avec cette robe-ci et non celle-là, aller en promenade ou autre chose de ce genre ; elle cédait toujours, tout en babillant gaiement.

— Vous êtes un phénomène ! me disait-elle.

Et elle allait changer de robe, de dentelle, de bijoux, avec une exquise obéissance.

16
Une réflexion immorale

Il me vient à l'esprit une réflexion immorale, qui est en même temps une correction de style. Je crois avoir dit, au chapitre 14, que Marcella mourait d'amour pour Xavier. Elle ne mourait pas, elle vivait. Vivre n'est pas la même chose que mourir ; ainsi l'affirment tous les bijoutiers du monde, qui sont gens très experts en grammaire. Braves bijoutiers, que resterait-il de l'amour sans vos joyaux et vos crédits ? Peut-être un tiers ou un cinquième du commerce universel des cœurs. Telle est la réflexion immorale que je désirais faire et qui est plus obscure encore qu'immorale, car on ne comprend pas très bien ce que je veux dire. Ce que je veux dire, c'est que la plus belle tête du monde n'est pas moins belle si on l'entoure d'un diadème de pierreries ; ni moins belle, ni moins aimée. Marcella, par exemple, qui était bien belle, Marcella m'aima...

17
Du trapèze et d'autres sujets

... Marcella m'aima durant quinze mois et onze contos de réis ; pas moins. Mon père, dès qu'il eut vent des onze contos, commença de s'inquiéter pour de bon ; il trouvait que l'aventure dépassait les limites d'un caprice juvénile.

— Cette fois, dit-il, tu vas partir pour l'Europe ; tu iras suivre les cours d'une Université, je pense à Coïmbra. Je veux que tu deviennes un homme sérieux et non un fainéant et un filou.

Et comme j'esquissais un geste de protestation :

— Un filou, oui, monsieur ; un fils qui agit ainsi n'est pas autre chose...

Il tira de sa poche mes reconnaissances de dettes et me les agita sous le nez :

— Tu vois, espèce de gandin ? est-ce ainsi qu'un jeune homme doit agir pour faire honneur au nom qu'il porte ? Penses-tu que moi et mes ancêtres nous avons gagné notre argent en courant les salles de jeu et en traînant dans les rues ? Polisson ! Cette fois, ou tu deviendras raisonnable ou je te laisserai sans un sou.

Il était furieux, mais d'une fureur modérée, limitée. Je l'écoutai sans rien dire et ne fis aucune objection à l'ordre de départ, comme je l'avais fait d'autres fois ; je ruminais déjà l'idée d'emmener Marcella avec moi. J'allai la voir, je lui exposai la situation et lui proposai de partir. Marcella m'écouta les yeux en l'air, sans répondre. J'insistai, elle me dit qu'elle resterait ici, qu'elle ne pouvait aller en Europe.

— Pourquoi pas ?

— Je ne peux pas, dit-elle d'un air dolent ; je ne peux pas aller respirer cet air, qui me rappellera mon pauvre père, victime de Napoléon...

— Lequel des deux : le jardinier ou l'avocat ?

Marcella fronça le front et se mit à fredonner une séguedille entre ses dents ; puis elle se plaignit de la chaleur et demanda un verre de sirop. La servante l'apporta sur un plateau d'argent, qui faisait partie de mes onze contos. Marcella m'offrit poliment de me rafraîchir. Pour réponse, j'envoyai promener d'un coup de main le verre et le plateau ; le liquide se répandit sur elle, la négresse poussa un cri et je lui criai, moi, de filer. Restés seuls, je déversai tout le désespoir de mon cœur, je dis à Marcella qu'elle était un monstre, qu'elle ne m'avait jamais aimé, qu'elle m'avait fait condescendre à tout, sans même avoir l'excuse de la sincérité ; gesticulant de façon désordonnée, je la traitai de noms affreux. Marcella restait assise, froide comme un marbre, faisant claquer ses ongles contre ses dents. J'avais envie de l'étrangler, de l'humilier tout au moins, de la traîner à mes pieds. Peut-être allais-je le faire ; mais l'intention aboutit à un résultat très différent. Ce fut moi qui me jetai à ses pieds, contrit, suppliant ; je les embrassai, je lui rappelai les mois de notre bonheur, de notre intimité, je lui redis les noms chéris d'autrefois, assis à terre, la tête entre ses genoux, serrant ses mains dans les miennes, haletant, éperdu, la suppliant avec des larmes de ne pas m'abandonner... Marcella resta un moment à me regarder, silencieux l'un et l'autre, puis elle m'écarta doucement et, d'un air excédé :

— Ne m'agace pas, dit-elle.

Elle se leva, secoua sa robe encore mouillée et se dirigea vers sa chambre. — « Non ! criai-je, tu n'entreras pas... je ne veux pas... » J'allais la saisir ; trop tard, elle était entrée et s'était enfermée à clef.

Je sortis de la maison comme un fou. Je passai deux mortelles heures à errer dans les quartiers les plus excentriques, les plus déserts, où je n'étais pas exposé à rencontrer qui que ce soit. J'allais, remâchant mon désespoir, avec une sorte de plaisir morbide. J'évoquais les jours, les heures, les instants de délire et tantôt je me complaisais à croire qu'ils seraient éternels, que le moment présent n'était qu'un cauchemar, tantôt, m'abusant moi-même, je cherchais à les rejeter loin de moi comme un fardeau inutile. Alors je décidais d'embarquer immédiatement, pour couper ma vie en deux, et je me délectais de l'idée que Marcella, apprenant mon départ, serait rongée de regrets et de remords. Si elle m'avait aimée, la folle, elle ressentirait quelque chose, elle aurait une pensée pour moi, comme pour le sous-lieutenant Duarte... À cette évocation, la dent de la jalousie m'entrait dans le cœur ; tout mon être criait qu'il fallait emmener Marcella avec moi.

— De force... de force... disais-je en battant l'air du poing.

Enfin, j'eus une idée, j'entrevis le salut... Ah ! trapèze de mes péchés, trapèze des conceptions abstruses ! L'idée salutaire s'élança sur lui, comme celle de l'emplâtre (chapitre 2). Il ne s'agissait de rien moins que de fasciner Marcella, de la fasciner vraiment, de l'éblouir, de l'entraîner ; il me fallait recourir à un moyen plus concret que mes supplications. Sans me soucier des conséquences, je recourus à un dernier emprunt : j'allai rue des Orfèvres, j'achetai la plus belle parure de toute la ville, trois gros diamants sertis dans un peigne d'ivoire et je courus chez Marcella.

Elle était allongée dans un hamac, en une posture lasse et abandonnée, une jambe pendante laissant voir le petit pied gaîné de soie, les cheveux dénoués, épars, le regard vague et somnolent.

— Viens avec moi, lui dis-je, je me suis arrangé... nous avons beaucoup d'argent, tu auras tout ce que tu désireras... Tiens, regarde !

Et je lui montrai le peigne orné de diamants... Marcella eut un léger sursaut, souleva le haut du corps et, appuyée sur son coude, elle regarda le peigne pendant quelques instants ; puis elle releva les yeux, elle s'était dominée. Alors je pris ses cheveux, je les réunis, les tressai rapidement, j'improvisai une coiffure d'une main maladroite et je terminai en y plantant le peigne aux diamants ; je me reculai, me rapprochai, je corrigeai la coiffure, l'abaissant d'un côté, cherchant à mettre quelque symétrie dans ce désordre, avec un soin, des attentions de mère.

– Voilà, dis-je.

– Fou ! fut sa première réponse.

La seconde fut de m'attirer à elle et de me payer d'un baiser, le plus ardent de tous. Puis elle retira le peigne, en admira la matière et le travail, me regardant de temps à autre en secouant la tête d'un air de reproche.

– Ah ! toi ! disait-elle.

– Tu pars avec moi ?

Marcella réfléchit un instant. L'air avec lequel elle promenait ses regards de moi au mur de la chambre et du mur à la parure ne me plut pas beaucoup ; mais cette mauvaise impression s'évanouit, quand elle me répondit résolument :

– Je pars. Quand embarques-tu ?

– D'ici deux ou trois jours.

– Je pars.

Je la remerciai à genoux. J'avais retrouvé ma Marcella des premiers jours et je le lui dis. Elle sourit et alla ranger son peigne, pendant que je descendais l'escalier.

18
Vision dans le corridor

Au bas de l'escalier, au fond du corridor obscur, je m'arrêtai quelques instants pour respirer, me palper, rassembler mes idées éparses, me retrouver enfin au milieu de tant de sensations intenses et contradictoires. J'étais heureux. Il est certain que les diamants troublaient un peu mon bonheur ; mais il est non moins certain qu'une jolie femme peut très bien aimer à la fois les Grecs et leurs présents. Et puis, j'avais confiance en ma bonne Marcella, elle pouvait avoir des défauts, évidemment, mais elle m'aimait...

— Un ange ! murmurai-je en levant les yeux vers le plafond du corridor.

Et voici que, comme par dérision, je crus voir le regard de Marcella, ce regard qui naguère encore m'avait donné une ombre de méfiance, briller au-dessus d'un nez, qui était en même temps le nez de Bakbarah et le mien. Bakbarah ! Pauvre amoureux des *Mille et une Nuits* ! Je te vis à cette même place courir le long de la galerie derrière la femme du vizir, qui t'aguichait, et toi de courir, de courir, de courir, jusqu'à la longue allée d'où tu débouchas dans la rue, où tous les corroyeurs te huèrent et te rossèrent. Alors il me sembla que le corridor de Marcella était l'allée et que la rue était celle de Bagdad. Et en effet, regardant du côté de la porte, je vis sur la chaussée trois corroyeurs, l'un en soutane, l'autre en livrée, le troisième en civil, qui tous trois entrèrent dans le corridor, me prirent par les bras, me mirent dans une voiture, mon père à ma droite, mon oncle le chanoine à ma gauche, l'homme en livrée sur le siège et me conduisirent chez le chef de la police, d'où je fus transporté à bord d'un navire en partance pour Lisbonne. On peut penser si je résistai ; mais toute résistance était inutile.

Trois jours après, nous sortions de la rade. J'étais muet et abattu. Je ne pleurais même pas ; j'avais une idée fixe... Maudites idées fixes ! Mon idée du moment était de faire un plongeon dans l'Océan, en répétant le nom de Marcella.

19
À bord

Nous étions onze passagers, un fou, accompagné de sa femme, deux jeunes gens en voyage d'agrément, quatre commerçants et deux domestiques. Mon père m'avait recommandé à tous, à commencer par le commandant du navire, qui d'ailleurs avait assez à s'occuper de lui-même, car, entre autres soucis, il avait à bord sa femme, phtisique au dernier degré.

Je ne sais si le commandant soupçonna quelque chose de mon funèbre projet ou si mon père l'avait prévenu ; mais je sais qu'il ne me quittait pas des yeux ; il m'appelait à chaque instant. Quand il ne pouvait rester auprès de moi, il me conduisait à sa femme. Elle était presque toujours allongée sur un canapé bas, toussant beaucoup, se promettant cependant de me faire connaître les environs de Lisbonne. Elle n'était pas maigre, elle était transparente. Il semblait impossible qu'elle ne mourût pas d'une heure à l'autre. Le commandant – peut-être pour s'illusionner lui-même – affectait de ne pas croire à sa mort prochaine. Pour ma part, je ne savais rien, je ne pensais à rien. Que m'importait à moi le sort d'une femme phtisique, au milieu de l'Océan ? Le monde, pour moi, c'était Marcella.

Une nuit, dès la fin de la première semaine, je trouvai l'occasion propice pour mourir. Je montai avec précaution, mais je rencontrai le commandant qui, appuyé au bastingage, avait les yeux fixés sur l'horizon.

— Une tempête ? lui dis-je.

— Non, répondit-il en tressaillant, non, j'admire la splendeur de la nuit. Voyez, n'est-elle pas divine ?

Le style semblait démentir la personne, dont l'apparence un peu fruste contrastait avec ce langage recherché. Je le regardai : il parut satisfait de mon étonnement. Au bout de quelques secondes, il me prit la main et, montrant du doigt la lune, me demanda pourquoi je ne composais pas une ode à la nuit. Je lui répondis que je n'étais pas poète. Il marmotta quelques mots, fit deux pas, porta la main à sa poche et en tira un morceau de papier tout froissé ; puis, à la lueur d'une lanterne, il me lut une ode à la manière d'Horace sur la liberté de la vie en mer. C'étaient des vers de sa composition.

— Comment les trouvez-vous ?

Je ne me souviens pas de ma réponse ; je me rappelle qu'il me serra la main avec énergie, en me remerciant chaleureusement. Il me récita ensuite deux sonnets et allait m'en dire un autre, lorsqu'on vint l'appeler de la part de sa femme. — « J'y vais », dit-il ; et il me récita le troisième sonnet lentement, avec amour.

Je restai seul ; mais la muse du commandant avait balayé de mon esprit les idées malsaines et je préférai aller dormir, ce qui est une façon intérimaire de mourir. Le jour suivant, nous nous réveillâmes sous une tempête qui effraya tout le monde, sauf le fou. Il se mit à gambader, disant que sa fille envoyait une voiture pour le chercher ; la mort de cette fille avait été l'origine de sa folie. Jamais je n'oublierai le pénible spectacle de ce pauvre homme, qui, au milieu de l'affolement des gens et des hurlements de la tempête, chantait, dansait, pâle, les yeux hors de la tête, ses longs cheveux en désordre. Parfois il s'arrêtait, levait en l'air ses mains décharnées, traçait avec ses doigts des croix, puis un carré, puis des cercles, et riait sans arrêt, éperdument. Sa femme ne pouvait s'occuper de lui ; en proie à la terreur de la mort, elle priait pour elle-même tous les saints du paradis. Enfin la tempête s'apaisa. J'avoue qu'elle fut une excellente diversion à la tempête de mon cœur. Moi qui me proposais d'aller à la rencontre de la mort, je n'osai pas la regarder en face lorsqu'elle vint elle-même à ma rencontre.

Le commandant me demanda si j'avais eu peur, si j'avais couru quelque danger, si je n'avais pas trouvé le spectacle sublime, tout cela avec un intérêt très affectueux. La conversation tourna naturellement vers la vie maritime. Il voulut savoir si j'aimais les églogues marines. Je lui répondis ingénument que je ne savais pas ce que c'était.

— Vous allez le savoir, fit-il.

Et il me récita un petit poème — une églogue — puis un autre, et enfin cinq sonnets, sur lesquels s'achevèrent ce jour-là les confidences littéraires. Le lendemain, avant toute récitation, le commandant m'expliqua que ce n'était pas sans des raisons pressantes qu'il avait embrassé la carrière de marin, car sa grand-mère désirait qu'il entrât dans les ordres, et il avait en effet une certaine formation latine ; s'il ne devint pas prêtre, il fut et resta poète, ce qui était sa vocation naturelle. Pour m'en donner la preuve, il me récita sur-le-champ une centaine de vers. Je notai une particularité : il faisait en déclamant des gestes tels que, à un moment donné, je ne pus me retenir de rire ; mais, comme il récitait, il était si absorbé en lui-même qu'il ne vit ni n'entendit rien.

Les jours passaient, et les flots, et les vers, et avec eux passait aussi la vie de sa femme. Ce n'était qu'une courte question de temps. Un jour, en sortant de table, le commandant me dit que la malade n'arriverait peut-être pas à la fin de la semaine.

— Déjà ! m'écriai-je.

— Oui, elle a passé une très mauvaise nuit.

J'allai la voir. De fait, je la trouvai presque moribonde, mais parlant encore de se reposer quelques jours à Lisbonne, avant d'aller avec moi à Coïmbra, car c'était son intention bien arrêtée de me conduire à l'Université.

Je la quittai consterné. Je rejoignis son mari, dont les yeux fixaient les vagues qui venaient mourir au flanc du navire. Je cherchai à le consoler, il me remercia, me raconta l'histoire de ses amours, fit l'éloge de la fidélité et du dévouement de sa femme, se rappela les vers qu'il avait composés pour elle et me les récita. On vint le chercher de la part de la malade, nous courûmes tous deux ; c'était une crise. Ce jour-là et le jour suivant furent affreusement pénibles, le troisième fut celui de la mort. Une demi-heure après, je trouvai le commandant, assis sur un rouleau de câbles, la tête entre les mains ; je lui adressai quelques mots de réconfort.

— Elle est morte comme une sainte, répondit-il ; et pour que ces paroles ne pussent être mises au compte de la faiblesse, il se leva aussitôt, secoua la tête et fixa l'horizon, longuement, profondément.

— Allons, continua-t-il, confions-la à la fosse qui jamais plus ne s'ouvre !

Quelques heures plus tard, le cadavre était lancé à la mer, suivant le cérémonial habituel. La tristesse avait marqué tous les visages. Celui du veuf évoquait l'idée d'un rocher durement entaillé par la foudre. Grand silence. La vague ouvrit son sein, accueillit la dépouille, se referma — une légère ride — et le navire poursuivit sa route. Je demeurai quelques minutes à la poupe, les yeux fixés sur ce point incertain de la mer où restait à jamais l'une de nous... Je rejoignis le commandant pour tâcher de le distraire.

— Merci, me dit-il, devinant mon intention ; croyez que je n'oublierai jamais vos bons offices. Dieu vous le rendra ! Pauvre Léocadia ! Tu te souviendras de nous dans le ciel...

Il essuya de sa manche une larme importune. Je cherchai un dérivatif dans la poésie, qui était sa passion. Je lui parlai des vers qu'il m'avait lus et je m'offris à les faire imprimer. Les yeux du commandant s'animèrent un peu. — « Peut-être accepterai-je, dit-il, mais... je ne sais... ce sont des vers bien faibles. » Je lui jurai que non ; je lui demandai de les rassembler et de me les donner avant de débarquer.

— Pauvre Léocadia ! murmura-t-il sans répondre à ma demande. Un cadavre... la mer... le ciel... le navire...

Le jour suivant, il vint me lire un poème funèbre qu'il venait de composer, retraçant les circonstances de la mort et de l'ensevelissement ; il le lisait d'une voix vraiment émue, la main tremblante. En terminant, il me demanda si les vers étaient dignes du trésor qu'il avait perdu.

— Ils le sont, lui dis-je.

— Il y manque sans doute l'envolée du génie poétique, remarqua-t-il au bout d'un moment ; mais personne ne peut me contester le sentiment... à moins que le sentiment même ne nuise à la perfection...

— Il ne me semble pas, je trouve les vers parfaits.

— Oui, je crois que... Oh ! Ce sont des vers de marin.

— Mais de marin poète.

Il haussa les épaules, regarda le papier et se remit à réciter son poème, mais déjà avec moins d'émotion, soulignant les intentions littéraires, mettant en relief les images, la mélodie des vers. Pour finir, il m'avoua que c'était son œuvre la plus parfaite ; je fus du même avis ; il me serra chaleureusement la main et me prédit un grand avenir.

20
Licencié

Un grand avenir ! Tandis que ces mots frappaient mes oreilles, mes yeux erraient au loin sur l'horizon mystérieux et vague. Une idée chassant l'autre, l'ambition expulsait Marcella. Un grand avenir ? Peut-être naturaliste, littérateur, archéologue, banquier, homme politique, ou même évêque — oui, l'épiscopat, n'importe, pourvu que ce fût un office, une dignité, une grande renommée, une situation en vue. L'aigle de l'ambition — si tant est que ce fût un aigle — profita de l'occasion pour briser sa coquille et dévoiler sa fauve et pénétrante prunelle. Adieu, amours ! Adieu, Marcella ! Adieu, jours de délire, joyaux sans prix, vie sans frein, adieu ! Me voici sur la route du travail et de la gloire ; allez rejoindre dans l'oubli les culottes de ma première enfance !

Et ce fut ainsi que je débarquai à Lisbonne et partis pour Coïmbra. L'Université m'attendait, avec ses études ardues ; je travaillai très médiocrement, sans manquer pour cela mon diplôme de licencié. Il me fut remis avec les solennités d'usage, après les années de présence obligatoires ; une belle fête, qui m'emplit d'orgueil et de regrets — de regrets surtout. J'avais conquis à Coïmbra une belle réputation de dilettante ; j'étais un étudiant un peu extravagant, superficiel, emballé, pétulant, courant les aventures, associant le romantisme pratique au libéralisme théorique, vivant dans le culte des yeux noirs et des constitutions écrites. Le jour où l'Université me déclara, sur parchemin, possesseur d'une science que j'étais loin de porter ancrée dans mon cerveau, j'avoue que, malgré ma fierté, je m'estimai quelque peu frustré. Je m'explique : le diplôme était une lettre d'affranchissement ; s'il me donnait la liberté, il me donnait aussi la responsabilité. Le parchemin en poche, je quittai les rives du Mondégo et je partis, non sans éprouver quelque tristesse, mais sentant déjà en moi des élans, une curiosité, un désir de coudoyer l'humanité, d'agir, de jouir, de vivre — de prolonger l'Université à travers la vie.

21
Le muletier

Il arriva que le baudet que j'allais chevauchant s'arrêta, refusant d'avancer. Je le cravachai, il lança deux ruades, puis trois autres, et une dernière qui me projeta hors de la selle, si malheureusement que mon pied gauche resta pris dans l'étrier. J'essayai de m'agripper au corps de l'animal, mais déjà celui-ci, effrayé, s'élançait sur la route. Je m'exprime mal : il tenta de s'élancer et fit effectivement deux bonds, mais un muletier qui se trouvait là put intervenir à temps, le saisir par la bride et l'arrêter, non sans peine ni sans péril. L'animal ainsi maîtrisé, je dégageai mon pied de l'étrier et me remis debout.

— Vous l'avez échappé belle, me dit le muletier.

C'était exact. Si la bête avait continué sa course, j'aurais été certainement blessé et je ne sais même pas si la mort n'eût pas été la conclusion de l'accident ; fracture du crâne, congestion ou lésion interne, c'en était fait de ma science en fleur. Peut-être le muletier m'avait-il sauvé la vie, positivement ; je m'en rendais compte aux battements de mon cœur. Brave muletier ! Pendant que je reprenais conscience, il rajustait le harnachement avec autant de soin que d'habileté. Je décidai de lui donner trois pièces d'or sur les cinq que j'avais sur moi, non parce que j'estimais que tel était le prix de ma vie — elle était inestimable — mais parce que c'était une récompense en rapport avec le dévouement dont il avait fait preuve en me sauvant. Entendu, je lui donnerai les trois pièces d'or.

— Voilà, me dit-il, en me présentant la monture et la bride.

— Un instant, répondis-je ; attendez, je ne suis pas encore remis...

— De quoi ?

— Eh ! N'ai-je pas failli mourir ?

— Si l'animal avait continué à courir, peut-être ; mais, grâce à Dieu, monsieur voit qu'il n'est rien arrivé.

Je fouillai dans les sacoches, j'en sortis un vieux gilet dans la poche duquel se trouvaient les cinq pièces d'or et, pendant ce temps, je me demandai si la gratification n'était pas excessive, si deux pièces ne suffiraient pas. Peut-être une. En effet une pièce suffirait à le faire sauter de joie. Je regardai ses vêtements ; c'était un pauvre diable, qui de sa vie n'avait vu une pièce d'or. Oui, une pièce seulement. Je la pris, je la vis briller au soleil ; le muletier ne put la voir, car je tournai le dos, mais il dut se douter de quelque chose et se mit à parler à mon âne de façon significative ; il lui donnait des conseils, lui disait d'être raisonnable, que « Monsieur le Docteur » pourrait le corriger, un monologue paternel. Dieu me pardonne ! J'entendis même le bruit d'un baiser : c'était le muletier qui embrassait la tête de l'âne.

— Oh ! m'écriai-je.

— Que monsieur m'excuse, mais ce diable d'animal vous regarde d'un air si gentil...

Je ris, j'hésitai, je lui mis dans la main une pièce d'argent, puis j'enfourchai ma monture et partis au grand trot, un peu tourmenté ou, pour mieux dire, un peu incertain de l'effet produit par ma pièce. Mais, à quelque distance, je jetai un regard en arrière ; le muletier me faisait de grands saluts, donnant des signes évidents de contentement. Je me dis qu'il devait en être ainsi ; je l'avais bien payé, peut-être même trop. Je mis la main à la poche du gilet que j'avais sur moi et j'y sentis quelques pièces de cuivre ; voilà ce que j'aurais dû donner au muletier au lieu de la pièce d'argent, car enfin, il ne lui était venu à l'esprit ni la pensée d'un acte de courage, ni l'espoir d'une récompense, il avait cédé à une impulsion naturelle, à son tempérament, aux réflexes de son métier. Notez que le fait de ne s'être trouvé ni en deçà ni au-delà, mais juste à l'endroit de l'accident, semblait bien faire de lui un simple instrument de la Providence ; de toute façon, le mérite de son acte était positivement nul. Cette réflexion me contraria, je m'accusai de prodigalité, je rangeai la pièce d'argent dans le lot de mes gaspillages d'autrefois ; j'eus (pourquoi ne pas le dire ?), j'eus des remords.

22
Retour à Rio

Bourriquot de malheur ! Tu as coupé le fil de mes réflexions. Je ne pourrai plus dire maintenant quelles furent mes pensées jusqu'à Lisbonne, ni ce que je fis à Lisbonne, ou dans la péninsule, ou en d'autres pays d'Europe, de cette vieille Europe qui à cette époque semblait rajeunir. Non, je ne dirai pas que j'assistai à l'aube du romantisme, que j'allai, moi aussi, faire de la vraie poésie au cœur de l'Italie. De tout cela je ne dirai rien ; il me faudrait écrire un journal de voyage et non des mémoires tels que ceux-ci, dans lesquels ne doit entrer que la substance de la vie.

Après plusieurs années de pérégrinations, je me rendis aux

supplications de mon père : — « Viens, disait sa dernière lettre ; si tu ne te hâtes pas de revenir, tu ne trouveras plus ta mère vivante ! » Ce mot fut un coup pour moi. J'aimais ma mère ; j'avais encore devant les yeux les moindres détails de la dernière bénédiction qu'elle m'avait donnée à bord. « Mon pauvre enfant, je ne te reverrai plus », sanglotait la pauvre femme, en me pressant sur sa poitrine. Et ces paroles me revenaient maintenant, comme une prophétie réalisée.

Notez que j'étais à Venise, Venise tout imprégnée encore de la poésie de Lord Byron ; j'étais là, plongé dans le rêve, revivant le passé, me croyant toujours au temps de la Sérénissime République. Je n'exagère pas ; il m'arriva une fois de demander à mon logeur si le doge irait en promenade ce jour-là. — « Quel doge, *signor mio* ? » Je revins à moi, mais je ne voulus pas avouer mon erreur et je lui expliquai que ma question était une sorte de charade américaine. Il eut l'air de comprendre et ajouta même qu'il aimait beaucoup les charades américaines. C'était un logeur !

Je quittai donc tout cela, le logeur, le doge, le pont des Soupirs, la gondole, les vers du noble lord, les dames du Rialto, je quittai tout et partis comme une balle en direction de Rio de Janeiro.

Je revins... Mais non, n'allongeons pas ce chapitre. Parfois je m'oublie à écrire et ma plume court, mangeant le papier, non sans préjudice pour moi, l'auteur. De longs chapitres conviennent mieux à des lecteurs d'esprit pesant, tandis que nous, nous ne sommes pas un public *in-folio*, mais *in-douze* : peu de texte, grandes marges, impression élégante, tranche dorée et vignettes... vignettes surtout... Non, n'allongeons pas ce chapitre.

23
Triste, mais court

Je revins. Je ne nierai pas avoir éprouvé, en revoyant ma ville natale, une sensation nouvelle. Ce n'était pas l'effet produit sur moi par ma patrie, au sens politique du mot, mais par le cadre de ma jeunesse, la rue, la tour, la fontaine du coin, la femme à la mantille, le portefaix nègre, toutes les choses et les scènes de la petite enfance, gravées dans ma mémoire : une véritable renaissance. Sans souci du cours des années, mon esprit, comme un oiseau, prit son vol et remonta vers la source originelle, pour y boire l'eau fraîche et pure, non souillée encore par la boue de la vie.

En y regardant d'un peu près, c'est là un lieu commun. Un autre lieu commun, tristement commun, c'était la désolation de ma famille. Mon père m'embrassa en pleurant. – « Ta mère est perdue », me dit-il. Ce n'était pas seulement son rhumatisme qui la tuait, mais un cancer de l'estomac. La malheureuse souffrait cruellement, car le cancer est insensible aux vertus du malade ; quand il ronge, il ronge ; ronger est son métier. Ma sœur Sabine, déjà mariée à Cotrim, était là, tombant de fatigue. La pauvre petite dormait trois heures par nuit, jamais plus. L'oncle João lui-même était triste et abattu. Dona Eusébia et quelques autres femmes étaient là également, non moins tristes et non moins dévouées.

– Mon fils !

La douleur desserra un instant ses tenailles ; un sourire éclaira le visage de la malade, sur lequel planait l'aile éternelle de la mort. C'était moins un visage qu'une tête de mort : la beauté avait passé, comme une belle journée ; restaient les os, qui ne maigrissent jamais. Il y avait huit ou neuf ans que nous ne nous étions vus ; à peine aurais-je pu la reconnaître. Agenouillé au pied du lit, ses mains dans les miennes, je restais muet, immobile, sans oser parler, car chaque mot eût été un sanglot et nous craignions de lui révéler sa fin prochaine. Vaine crainte ! Elle savait que la mort était proche ; elle me le dit ; et le lendemain matin, ce fut pour nous l'évidence.

Longue fut son agonie, longue et cruelle, d'une cruauté minutieuse, froide, insistante, qui me remplit de douleur et de stupeur. C'était la première fois que je voyais mourir. Je ne connaissais la mort que par ouï-dire. Tout au plus l'avais-je vue pétrifiée sur le visage de quelque cadavre, que j'accompagnais ensuite au cimetière, ou en portais-je en moi l'idée enveloppée dans les paraphrases littéraires des professeurs d'histoire ancienne — la mort perfide de César, la mort austère de Socrate, la mort orgueilleuse de Caton. Mais ce duel de l'être et du non-être, la mort en action, douloureuse, contractée, convulsée, dégagée de tout l'appareil politique ou philosophique, la mort d'une personne aimée, c'était la première fois qu'il m'était donné d'y assister. Je ne pleurai pas ; je me souviens que je ne pleurai pas devant ce spectacle : j'avais le regard stupide, la gorge serrée, la conscience ahurie. Quoi ? Une créature si douce, si bonne, si sainte, qui jamais n'avait fait verser une larme par sa faute, mère tendre, épouse parfaite, était forcée de mourir ainsi, torturée, mordue par la dent tenace d'un mal sans miséricorde ? J'avoue que tout cela me parut obscur, inconvenant, insensé...

Triste chapitre ; passons à un autre plus gai.

24
Court, mais gai

Je restai profondément abattu. Il faut savoir que j'étais à cette époque un composé parfait de banalité et de présomptueuse assurance. Jamais le problème de la vie et de la mort n'avait tourmenté mon cerveau. Jamais, jusqu'à ce jour, je ne m'étais penché sur l'abîme de l'Inexplicable ; il me manquait pour cela l'essentiel, qui est le stimulant, le vertige...

À parler franchement, je reflétais assez bien les opinions d'un coiffeur, que j'avais trouvé à Modène et dont la particularité était de n'en pas avoir. C'était la perle des coiffeurs ; si longue que fût la séance de coiffure, elle n'était jamais ennuyeuse ; il intercalait entre les coups de peigne des plaisanteries, des bons mots pleins de piquant et de saveur. Il n'avait pas d'autre philosophie – moi non plus. Je ne dis pas que l'Université ne m'en eût enseigné quelqu'une ; mais je n'en avais retenu que les formules, le vocabulaire, la carcasse. J'en usais comme du latin : j'avais en poche trois vers de Virgile, deux d'Horace, une douzaine de sentences morales et politiques, pour les besoins de la conversation. J'en usais comme de l'histoire ou de la jurisprudence. De toutes ces choses, je n'avais retenu que la phraséologie, l'écorce, la parure...

Peut-être le lecteur sera-t-il surpris de la franchise avec laquelle j'expose et mets en lumière ma médiocrité ; qu'il n'oublie pas que la franchise est la première qualité d'un défunt. Dans la vie, le coup d'œil de l'opinion, le conflit des intérêts, la lutte des convoitises, obligent les gens à dissimuler les haillons, à cacher les accrocs et les reprises, à ne pas dévoiler au monde entier les révélations de la conscience. Le meilleur résultat de cette obligation, c'est lorsque l'homme, à force de tromper les autres, en arrive à se tromper lui-même, car dans ce cas il s'épargne la honte, qui est un sentiment pénible, et l'hypocrisie, qui est un vice hideux. Mais dans la mort quelle différence ! Quel soulagement ! Quelle liberté ! Comme l'on peut rejeter le masque, lancer au fossé tout le clinquant, se détendre, changer de figure, de costume, confesser sans détour ce que l'on fut et ce que l'on ne fut pas ! Car, en somme, il n'y a plus de voisins, plus d'amis, plus d'ennemis, plus d'étrangers, plus de relations ; il n'y a plus de public. Le coup d'œil de l'opinion, ce coup d'œil perçant, ce coup d'œil de juge, perd toute sa force dès que nous foulons le territoire des morts. Je ne dis pas qu'il ne pénètre pas jusqu'ici pour nous examiner et nous juger ; mais c'est à nous que jugements et examens sont totalement indifférents. Sachez-le, Messieurs les vivants : il n'y a rien d'aussi incommensurable que le dédain des morts.

25
À Tijuca

Holà ! Je crois que ma plume était en train de glisser vers l'emphase. Soyons simple, comme était simple la vie que je menai à Tijuca, durant les premières semaines qui suivirent la mort de ma mère.

Après la messe du septième jour, je pris un fusil, quelques livres, du linge, des cigares, un jeune noir – le Prudencio du chapitre 11 – et j'allai chercher un refuge dans une vieille maison de la famille. Mon père, s'efforça de me détourner de cette idée, mais je ne sentais en moi ni possibilité ni volonté de lui obéir. Sabina aurait voulu que j'allasse passer quelque temps chez elle – deux semaines au moins ; mon beau-frère pensa m'enlever de force. C'était un brave garçon, ce Cotrim. De dissipé, il était devenu économe ; il avait maintenant un commerce de produits alimentaires en gros et travaillait du matin jusqu'à la nuit, avec ardeur, avec constance. Le soir, assis à sa fenêtre, il caressait ses favoris, sans penser à autre chose. Il aimait sa femme et son fils, un fils qu'il avait alors et qui mourut quelques années plus tard. On le disait avare.

Je déclinais invitation et conseils. Mon esprit était comme frappé de stupeur. C'est alors, je crois, que commença à se développer en moi la tendance à la mélancolie, cette fleur jaune, solitaire et morbide, au parfum enivrant et subtil. – « Qu'il est bon d'être triste et de ne rien dire ! » Lorsque cette parole de Shakespeare attira mon attention, je dois avouer qu'elle éveilla en moi un écho délicieux. Je me souviens que j'étais alors assis sous un tamarinier, le livre du poète ouvert entre mes mains, l'âme encore plus lasse que le visage. Ma souffrance taciturne me serrait la poitrine et j'éprouvais une sensation unique, quelque chose que je pourrais appeler la volupté de la tristesse. Volupté de la tristesse : retiens ce mot, lecteur, garde-le, scrute-le, et si tu n'arrives pas à le comprendre, tu pourras en conclure que tu ignores une des sensations les plus subtiles de ce monde et de cette époque.

Je passais mon temps soit à chasser, soit à dormir, soit à lire – je lisais beaucoup – soit même à ne rien faire ; je laissais voguer mon esprit d'idée en idée, de rêverie en rêverie, comme un papillon flâneur ou affamé. Les heures s'en allaient, tombant une à une, le soleil déclinait, les ombres de la nuit couvraient la montagne et la ville. Je ne recevais aucune visite ; j'avais recommandé expressément de me laisser seul. Un jour, deux jours, trois jours, une semaine entière se passèrent ainsi, sans parler ; c'était assez pour me chasser de Tijuca et me rejeter dans la mêlée. Au bout de sept jours, en effet, j'étais excédé de solitude ; ma peine s'était apaisée ; mon esprit ne se contentait plus de la vue des arbres et du ciel. La jeunesse réagissait, il me fallait vivre. Je rangeai dans ma malle le problème de la vie et de la mort, les mélancoliques personnages du poète, mes chemises, mes méditations, mes cravates et j'allais la fermer, quand mon nègre Prudencio m'avertit qu'une personne de ma connaissance avait emménagée depuis la veille dans une maison rose, située à deux cents pas de la nôtre.

— Qui est-ce ?

— Monsieur ne se souvient peut-être plus de Dona Eusébia ?

— Je m'en souviens... C'est elle ?

— Elle et sa fille. Elles sont arrivées hier matin.

Je me rappelai aussitôt l'épisode de 1814 et je me sentis contrarié ; mais je réfléchis que les événements m'avaient donné raison. En réalité, il était inévitable que les relations de Villaça avec la sœur du commandant-major devinssent des plus intimes ; avant même mon embarquement, on parlait déjà de façon mystérieuse de la naissance d'une fille. Mon oncle João m'avait ensuite écrit que Villaça, en mourant, avait laissé un legs important à Dona Eusébia, ce qui avait fait beaucoup jaser dans tout le quartier. L'oncle João, lui-même friand de scandales, n'avait pas parlé d'autre chose dans toute sa lettre, longue du reste de plusieurs pages. Oui, les événements m'avaient donné raison. Mais — ne me l'eussent-ils pas donné — l'année 1814 était bien loin et avec elle mon espièglerie et Villaça, et le baiser dans le bosquet. Et après tout, nous n'étions pas, elle et moi, en relations suivies. Sur cette réflexion, j'achevai de fermer la malle.

— Monsieur ne va pas rendre visite à Dona Eusébia ? demanda Prudencio. C'est elle qui a fait la toilette de ma pauvre maîtresse sur son lit de mort.

Je me souviens en effet de l'avoir vue, parmi d'autres femmes, lors de la mort et des obsèques. Mais j'ignorais qu'elle eût rendu à ma mère ce suprême service. Mon noir avait raison, je lui devais une visite. Je décidai de la faire immédiatement et de partir ensuite.

26
L'auteur hésite

J'entends soudain une voix : – « Holà, mon garçon, ce n'est pas une vie, cela ! » C'était mon père qui arrivait, avec deux propositions dans sa poche. Je m'assis sur la malle et le reçus sans aucun élan. Il resta quelques instants debout, à me regarder ; puis il me tendit la main avec attendrissement :

– Allons, mon enfant, il faut se soumettre à la volonté de Dieu.

– Je me soumets d'avance, répondis-je en lui baisant la main.

Je n'avais pas encore déjeuné ; nous déjeunâmes ensemble. Aucun de nous ne fit allusion au triste motif de ma retraite. Une seule fois, il en fut question incidemment, lorsque mon père amena la conversation sur la Régence ; il fit alors allusion à la lettre de condoléances que lui avait envoyée un des Régents. Il avait cette lettre sur lui, quelque peu froissée, sans doute pour avoir été déjà lue à beaucoup d'autres personnes. Je crois avoir déjà dit qu'elle était d'un des Régents. Mon père me la lut par deux fois.

– Je suis allé le remercier de cette marque de considération, conclut-il, et je crois que tu devrais y aller également...

– Moi ?

– Toi. C'est un personnage important, qui tient la place de l'Empereur. Du reste, je t'apporte une idée, un projet, ou...

pour tout dire, je t'apporte deux projets : un siège de député et un mariage.

Mon père s'exprimait posément, variant le ton de ses paroles, leur donnant une forme et une tournure propres à les faire pénétrer profondément dans mon esprit. Mais ses propositions différaient tellement de mon état mental actuel que je n'arrivais pas à les comprendre. Il ne perdit pas courage et recommença ; il renchérissait sur le compte du siège, aussi bien que de la fiancée.

— Tu acceptes ?

— Je n'entends rien à la politique, dis-je au bout d'un instant ; quant à la fiancée... qu'on me laisse vivre comme un ours que je suis.

— Mais les ours eux-mêmes se marient, répliqua-t-il...

— Alors qu'on m'amène une ourse. La Grande Ourse, par exemple...

Mon père se mit à rire, puis, ayant ri, se reprit à parler sérieusement. La carrière politique était ce qu'il me fallait, dit-il, pour mille et une raisons, qu'il exposa avec une extraordinaire volubilité, en les illustrant d'exemples tirés de diverses personnes de nos relations. Quant à la fiancée, il me suffirait de la voir ; dès que je l'aurais vue, j'irais aussitôt la demander à son père, aussitôt, sans attendre un seul jour. Il eut ainsi recours successivement à la fascination, puis à la persuasion, puis à l'intimation. Je ne répondais pas, j'effilais la pointe d'un cure-dents ou roulais des boulettes de mie de pain ; j'étais là, à sourire et à réfléchir, et, pour tout dire, sans nulle velléité d'accepter ni de repousser la proposition. Je me sentais désorienté. Une partie de moi-même disait que oui, qu'une belle femme et une situation politique n'étaient pas à dédaigner ; une autre partie disait non, et la mort de ma mère m'apparaissait alors comme un exemple de la fragilité des choses, des affections, de la famille...

— Non, je ne m'en vais pas d'ici sans une réponse définitive, dit mon père. Dé-fi-ni-ti-ve ! répéta-t-il en scandant les syllabes avec le doigt.

Il acheva sa tasse de café, se renfonça bien à son aise dans son fauteuil et se mit à parler de tout, du Sénat, de la Chambre, de la Régence, de la restauration, d'Evaristo, d'une voiture qu'il voulait acheter, de notre maison de Mata-Cavallos... J'étais toujours à mon coin de table, un bout de crayon à la main, écrivant des choses sans suite sur un morceau de papier. Je traçais un mot, une phrase, un vers, un nez, un triangle et je recommençai plusieurs fois, sans ordre, au hasard, de cette façon :

arma virumque cano

A

Arma virumque cano

arma virumque cano

arma virumque

arma virumque cano

virumque

Tout cela machinalement ; et non, cependant, sans une certaine logique, une certaine suite. Par exemple ce fut le *virumque* qui me conduisit par la première syllabe au nom du poète : j'allais écrire *virumque* – et ce fut *Virgile* qui sortit, et je continuai alors :

Vir *Virgile*

Virgile *Virgile*

Virgile

Virgile

Mon père, un peu dépité de mon indifférence, se leva, vint à moi et jeta un coup d'œil sur le papier...

– Virgile ! s'écria-t-il. Tu y es, mon garçon : ta fiancée s'appelle justement Virgilia.

27
Virgilia ?

Virgilia ? Mais alors c'était cette même personne qui, quelques années plus tard... ? La même ; c'était bien cette personne qui, en 1869, devait assister à mes derniers jours et qui auparavant, longtemps auparavant, avait tenu une large part dans mes sensations les plus intimes. À cette époque, elle avait à peine quinze ou seize ans ; elle était bien la créature peut-être la plus crâne et, en tout cas, la plus volontaire de notre pays. Je ne dis pas qu'elle eût déjà conquis sur les jeunes filles de son temps la palme de la beauté, car ce livre n'est pas un roman, dont l'auteur enjolive à son gré la réalité, fermant les yeux sur les boutons et les taches de rousseur ; mais je ne prétends pas non plus, notez-le bien, que son visage fût ainsi déparé par quelque bouton ou quelque tache de rousseur. Non, elle était jolie, fraîche, elle sortait des mains de la nature, dotée de ce charme, précaire et éternel, que l'individu transmet à un autre individu, conformément aux secrets desseins de la création. Telle était Virgilia : elle avait le teint blanc, très blanc, elle était coquette, ignorante, puérile, pleine d'élans mystérieux ; avec cela beaucoup de paresse et quelque dévotion — dévotion qui n'était peut-être que de la crainte... je crois bien que c'était de la crainte.

Le lecteur a là, en quelques lignes, le portrait physique et moral de la personne qui devait avoir plus tard tant d'influence sur ma vie. Elle était ainsi à seize ans. Toi qui me lis — si tu es encore au monde, quand ces pages verront le jour — toi qui me lis, Virgilia chérie, ne remarques-tu pas quelque différence entre le langage d'aujourd'hui et celui qui fut le mien la première fois que je te vis ? Crois bien que j'étais aussi sincère alors que maintenant ; la mort ne m'a rendu ni acariâtre ni injuste.

— Mais, diras-tu, comment peux-tu ainsi discerner encore la vérité de ce temps-là et l'exprimer après tant d'années ?

Ah ! Curieuse ! Ah ! Grande ignorante ! Mais c'est cela justement qui fait de nous les maîtres de la terre, c'est ce pouvoir de faire revivre le passé, afin de toucher du doigt l'instabilité de nos impressions et la vanité de nos affections. Laisse Pascal affirmer que l'homme est un roseau pensant. Non ; l'homme est un *erratum* pensant, cela oui. Chaque âge de la vie est une édition, qui corrige l'édition antérieure, et qui sera corrigée elle-même, jusqu'à l'édition définitive, que l'éditeur distribue gratuitement aux vers.

28
À condition que...

— Virgilia ? interrompis-je.

— Oui, monsieur, c'est le nom de la jeune fille. Un ange, grand benêt, un ange sans ailes. Imagine une jeune fille de cette taille, vive comme la poudre... et des yeux !... Fille de Dutra...

— Quel Dutra ?

— Dutra le Conseiller, tu ne le connais pas ; un homme politique très influent. C'est dit, tu acceptes ?

Je ne répondis pas tout de suite ; je fixai pendant quelques secondes le bout de ma chaussure ; puis je déclarai que j'étais disposé à examiner les deux affaires, la candidature et le mariage, à condition que...

— À condition que ?

— À condition que je ne sois pas obligé de les accepter toutes deux ; je crois que je peux être séparément homme marié ou homme public...

— Tout homme public doit être marié, interrompit sentencieusement mon père. Mais qu'il en soit comme tu le désires : je consens à tout. Je suis certain qu'il te suffira de la voir ! D'ailleurs, la fiancée et le parlement sont une seule et même affaire... c'est... non, tu auras cela plus tard... Va, j'accepte le délai, à condition que...

— À condition que ? interrompis-je en l'imitant.

— Ah ! polisson ! À condition que tu ne restes pas ici, inutile, triste, caché ! Je n'ai pas dépensé mon argent, mes soins et mes efforts pour ne pas te voir briller comme tu le dois, comme il convient à toi et à nous tous. C'est à toi de continuer notre nom, de le continuer et de l'illustrer encore. Tu vois, j'ai soixante ans, mais s'il me fallait commencer une vie nouvelle, je la commencerais sans une minute d'hésitation. Garde-toi de l'obscurité, Bras ; fuis tout ce qui est mesquin. Dis-toi que les valeurs humaines reposent sur des bases diverses et que, de toutes ces valeurs, la plus solide est celle qui est fondée sur l'opinion des autres hommes. Ne gâche pas les avantages de ta position, tes moyens...

Et il continuait, comme un magicien, agitant devant moi un hochet, ainsi que l'on faisait aux jours de mon enfance pour m'apprendre à marcher. Et la fleur de la mélancolie se replia dans son bouton pour laisser la place à une autre fleur moins jaune, nullement morbide, celle-là : l'amour de la renommée, l'emplâtre Bras Cubas.

29
La visite

Mon père triomphait. Il m'avait amené à accepter la candidature et le mariage, Virgilia et la Chambre des députés. – « Les deux Virgilia », dit-il en un premier élan de ferveur politique. Je les acceptais. Mon père me serra dans ses bras, avec force, par deux fois : il reconnaissait enfin en moi son propre sang.

– Tu descends avec moi ?

– Je descendrai demain. Je veux aller auparavant faire une visite à Dona Eusébia.

Mon père fit la grimace, mais ne dit rien. Il prit congé et partit. Pour moi, j'allai rendre visite le soir même à Dona Eusébia. Je la trouvai en train de réprimander un jardinier nègre, mais elle laissa tout pour me recevoir, avec un élan, une joie si sincère qu'elle me mit tout de suite à mon aise. Je crois qu'elle alla même jusqu'à m'étreindre entre ses bras robustes. Elle me fit asseoir à côté d'elle, sous la véranda, manifestant son contentement par des exclamations :

– Pas possible ! Le petit Bras ! Mais le voilà un homme ! Qui aurait dit, il y a quelques années... Un homme vraiment ! Et beau garçon !... Oh ! Vous ne devez guère vous souvenir de moi...

Je répondis que si, que je n'aurais pu oublier une si bonne amie de ma famille. Dona Eusébia se mit alors à parler de ma mère, m'exprimant ses regrets, de tels regrets qu'elle s'attira aussitôt ma sympathie, en même temps qu'elle ravivait ma tristesse. Elle vit cela dans mes yeux et changea de conversation ; elle s'enquit de mon voyage, de mes études, de mes amours...

Oui, de mes amours aussi ; elle me confessa qu'elle était une vieille libertine. Cela me rappela l'épisode de 1814, elle, Villaça, le bosquet, le baiser, mon cri. Et tandis que ce souvenir s'évoquait en moi, j'entendis un grincement de porte, un bruissement de jupes et des mots :

— Maman... Maman...

30
La fleur du bosquet

La voix et les jupes étaient celles d'une jeune fille brune, qui s'arrêta un instant à la porte, en apercevant un étranger. Silence bref et contraint. Dona Eusébia le rompit enfin résolument, avec franchise :

— Viens ici, Eugénia, dit-elle, dis bonjour au Dr Bras Cubas, le fils de M. Cubas, qui arrive d'Europe.

Et se tournant vers moi :

— Ma fille Eugénia.

Eugénia, la fleur du bosquet, répondit à peine à mon salut ; elle me regarda, surprise et gênée, et se rapprocha lentement de la chaise de sa mère. Celle-ci arrangea une tresse de ses cheveux, dont le bout était défait. — « Ah ! quelle gamine ! dit-elle. Vous n'imaginez pas ce que c'est, docteur... » Et elle l'embrassa avec de telles effusions de tendresse que j'en fus un peu ému ; je pensai à ma mère et, je l'avoue, je me sentis comme chatouillé par un désir de paternité.

— Une gamine ? dis-je. Elle a pourtant passé l'âge, il me semble.

— Quel âge lui donnez-vous ?

— Dix-sept...
— Moins un.
— Seize ! Eh bien donc ! C'est une jeune fille.

Eugénia ne put cacher la satisfaction que lui causaient ces paroles, mais elle reprit aussitôt son attitude rigide, froide, muette. En réalité, elle paraissait encore plus femme qu'elle ne l'était ; il pouvait y avoir un reste d'enfantillage dans ses amusements de jeune fille ; mais telle quelle, calme, impassible, elle avait l'allure d'une femme mariée. Peut-être cela lui enlevait-il un peu de sa grâce virginale. La glace se rompit rapidement ; sa mère faisait d'elle de grands éloges, je les écoutais de mon air le plus aimable et elle souriait, les yeux brillants, comme s'il y eût eu, volant à l'intérieur de son cerveau, un petit papillon aux ailes d'or et aux yeux de diamant...

Je dis : volant à l'intérieur, car, à l'extérieur, ce qui arriva en volant, ce fut un papillon noir qui entra soudain dans la véranda et se mit à battre des ailes autour de Dona Eusébia. Dona Eusébia poussa un cri, se leva, l'accablant d'imprécations affolées :

— Démon !... Je te conjure... Va-t-en !... Sainte Vierge Marie !

— N'ayez pas peur, dis-je, et, tirant mon mouchoir, je chassai le papillon. Dona Eusébia se rassit, haletante, un peu honteuse ; sa fille, peut-être légèrement pâle de crainte, dissimulait son émotion, avec une grande force de volonté. Je leur serrai la main et partis, riant en moi-même de la superstition des deux femmes, d'un rire philosophique, supérieur, désintéressé. Le soir, je vis passer à cheval la fille de Dona Eusébia, suivie d'un laquais ; elle m'adressa un salut du bout de sa cravache. J'avoue que je me flattai de l'idée que, quelques pas plus loin, elle tournerait la tête de mon côté. Mais elle ne la tourna pas.

31
Le papillon noir

Le lendemain, comme je m'apprêtais pour descendre, entra dans ma chambre un papillon aussi noir que l'autre et beaucoup plus grand. Je me rappelai l'incident de la veille et souris intérieurement ; je revis en pensée la fille de Dona Eusébia, la frayeur qu'elle avait éprouvée et la dignité qu'elle avait su conserver malgré tout. Le papillon, après avoir voltigé tout autour de moi, se posa sur ma tête. Je le chassai ; il alla se coller contre la vitre et, comme je le chassais de nouveau, il s'envola et vint se fixer sur le haut d'un vieux portrait de mon père. Il était noir comme la nuit. Le geste avec lequel, une fois posé, il commença à remuer les ailes, avait quelque chose de moqueur qui m'agaça. Je haussai les épaules et sortis de la chambre ; mais en revenant, quelques minutes plus tard, j'eus comme une secousse nerveuse de le voir encore à la même place ; j'attrapai une serviette, je l'en frappai et il tomba.

Il n'était pas mort, il remuait encore et agitait les petites antennes de sa tête. J'eus pitié de lui, je le pris sur la paume de la main et j'allai le déposer sur le rebord de la fenêtre. Mais il était trop tard, le malheureux mourut en quelques secondes. J'en fus un peu contrarié, ennuyé.

— Aussi, me dis-je, pourquoi diable n'était-il pas bleu ?

Et cette réflexion — une des plus profondes qui aient jamais été faites depuis l'invention des papillons — me consola du maléfice et me réconcilia avec moi-même. Je restai à considérer le cadavre, avec quelque attendrissement, je le confesse. J'imaginai qu'il avait dû sortir du bois, tout heureux, après son déjeuner. La matinée était belle. Il allait, modeste et noir, s'amusant à papillonner, sous la vaste coupole d'un ciel bleu, qui est toujours bleu pour toutes les ailes. Il passa par ma fenêtre, entra, m'aperçut. Je suppose qu'il n'avait jamais vu un homme et qu'il ignorait, par suite, ce qu'était l'homme. Il décrivit de nombreuses voltes autour de moi, il vit que je remuais, que j'avais des yeux, des bras, des jambes, un aspect divin, une stature colossale. Il se dit alors : « C'est probablement l'inventeur des papillons. » Il fut terrassé, épouvanté par cette idée ; mais la crainte, qui est aussi inventive, lui insinua que le meilleur moyen de plaire à son créateur était de lui baiser la tête, et il me baisa la tête. Chassé par moi, il alla se poser sur la vitre, il aperçut de là le portrait de mon père et il n'est pas impossible qu'il ait alors découvert à moitié la vérité, c'est-à-dire que c'était là le père de l'inventeur des papillons ; et, d'un vol, il alla lui demander miséricorde.

Un coup de serviette mit fin à l'aventure. L'immensité bleue, l'allégresse des fleurs, la pompe des verts feuillages, tout cela ne lui servit de rien contre une serviette de toilette, contre un simple pan d'étoffe. C'est vraiment une chose appréciable que d'être supérieur aux papillons ! Car, il faut bien le dire, s'il avait été bleu ou orangé, sa vie n'aurait pas été plus en sûreté ; j'aurais fort bien pu le traverser d'une épingle pour la seule joie de mes yeux. Mais il ne l'était pas. Cette dernière pensée fut pour moi une consolation. Je joignis le pouce au médius et d'une chiquenaude j'envoyai le cadavre dans le jardin. Il était temps ; déjà commençaient à arriver les prévoyantes fourmis... Non, je reviens à ma première idée ; je crois qu'il aurait mieux valu pour lui qu'il fût né bleu.

32
Boiteuse de naissance

Je m'en fus terminer mes préparatifs de voyage. Maintenant, plus de retard, je descends immédiatement. Je descends, même si quelque lecteur méfiant veut m'arrêter pour me demander si le chapitre précédent n'est qu'une ânerie ou si j'ai voulu me moquer du monde... Aïe ! j'avais compté sans Dona Eusébia. J'étais prêt à partir, lorsqu'elle arriva. Elle venait m'inviter à remettre mon départ et à aller dîner chez elle le jour même. Je voulus refuser ; mais elle insista tellement, tellement, tellement, que je ne pus faire autrement que d'accepter ; d'ailleurs, je lui devais bien cette compensation. J'y allai.

Eugénia, en ce jour, se dégela en mon honneur. Je crois que ce fut en mon honneur – mais peut-être cela lui arrivait-il souvent. Elle n'avait plus les boucles d'or qui, la veille, pendaient à ses oreilles, deux oreilles finement découpées sur une tête de nymphe. Sur elle, une simple robe de mousseline blanche, sans garnitures, avec un bouton de nacre au col, en guise de broche, et un autre à chaque poignet, fermant les manches, sans l'ombre d'un bracelet.

Voilà pour le physique ; au moral, elle était pareille. Des idées claires, des manières simples, une certaine grâce naturelle, un air de dame – et je ne sais quoi d'autre... Si, la bouche, exactement la bouche de sa mère, ce qui me rappela l'épisode de 1814, et me donna envie de chanter à la fille le même refrain...

– Maintenant je vais vous montrer le jardin, dit la mère, lorsque nous eûmes pris le café.

Nous passâmes dans la véranda et de là dans le jardin. Ce fut alors que je remarquai un détail. Eugénia boitait un peu, si peu que je lui demandai si elle s'était blessée au pied. La mère se tut, mais la fille répondit sans hésiter :

— Non, monsieur, je suis boiteuse de naissance.

Je m'envoyai moi-même à tous les diables, je me traitai de maladroit, de balourd ; car enfin la seule possibilité d'une infirmité était une raison suffisante de m'abstenir de toute question. Je me rappelai alors que, la première fois que je l'avais vue — la veille — la jeune fille s'était approchée lentement de la chaise de sa mère et que, ce jour même, je l'avais trouvée déjà auprès de la table de la salle à manger. Peut-être était-ce pour dissimuler ce défaut ; mais pourquoi alors l'avouer maintenant ? Jetant un coup d'œil de son côté, je la vis toute triste.

Je cherchai à faire oublier ma maladresse — ce qui ne fut pas difficile, car la mère qui aimait à rire, ainsi qu'elle le disait elle-même, reprit rapidement la conversation avec moi. Nous inspectâmes tout le jardin, les arbres, les fleurs, le bassin des canards, le lavoir, une foule de choses, qu'elle me montrait et m'expliquait, tandis que moi, de côté, je scrutais les yeux d'Eugénia...

Je vous garantis que le regard d'Eugénia n'était pas boiteux, mais droit et parfaitement sain ; il venait d'une paire d'yeux noirs et calmes. Je crois que deux ou trois fois ces yeux se baissèrent, un peu troublés ; mais deux ou trois fois seulement ; en général ils me fixaient avec franchise, sans pruderie ni effronterie.

33
Bienheureux ceux qui ne descendent pas

Le malheur était qu'elle fût boiteuse. Des yeux si lumineux, une bouche si fraîche, une allure si noble... et boiteuse ! Un tel contraste ferait soupçonner la nature de n'être parfois qu'une vaste plaisanterie. Pourquoi belle, puisque boiteuse ? Telle était la question que je me posais en revenant le soir à la maison, sans trouver la solution du problème. Le mieux, quand on ne peut résoudre une énigme, c'est de la jeter par la fenêtre. C'est ce que je fis : je pris une serviette et chassai cet autre papillon noir, qui battait des ailes dans mon cerveau. Soulagé, je m'en fus dormir. Mais le rêve, qui est une lucarne de l'esprit, laissa rentrer l'insecte et je passai toute la nuit à creuser le mystère, sans l'expliquer.

Le jour se leva, pluvieux, et je remis mon départ ; mais le jour suivant, au matin, le ciel était limpide et bleu, malgré cela je restai, non moins que le troisième jour et le quatrième et jusqu'à la fin de la semaine. Matinées belles, fraîches, engageantes ; en bas, la famille qui m'appelle, et la fiancée, et le Parlement ; et moi, sans me soucier de rien, en extase aux pieds de ma Vénus Boiteuse. « En extase » est une manière de relever le style ; ce n'était pas de l'extase, mais du plaisir, une certaine satisfaction physique et morale. Je l'aimais, c'est vrai. Auprès de cette créature si simple, fille boiteuse et illégitime, fruit de l'amour et du mépris, auprès d'elle je me sentais bien et je crois qu'elle se sentait mieux encore auprès de moi. Et cela se passait à Tijuca ; véritable églogue. Dona Eusébia nous surveillait, mais assez peu ; juste le nécessaire, sans en avoir l'air. La jeune fille, dans cette première explosion de la nature, me livrait son âme en fleur.

— Vous descendez demain ? me demanda-t-elle le samedi.

— Je pense.

— Ne descendez pas.

Je ne descendis pas et j'ajoutai un verset à l'Évangile : — « Bienheureux ceux qui ne descendent pas, car le premier baiser des jeunes filles est à eux. » Le dimanche, en effet, vit ce premier baiser d'Eugénia — le premier, le baiser qu'aucun homme ne lui avait jamais pris, baiser qui ne fut ni dérobé ni arraché, mais candidement donné, comme la dette que paie un débiteur honnête. Pauvre Eugénia ! Si tu avais pu savoir quelles idées me passaient par la tête à ce moment ! Toi, tremblante d'émotion, les bras à mes épaules, contemplant en moi l'époux bienvenu ; moi, les yeux tournés vers 1814, vers le bosquet, vers Villaça, soupçonneux, pensant que tu ne pouvais mentir à ton sang, à ton origine...

Dona Eusébia entra à l'improviste, mais pas assez vite pour nous trouver l'un contre l'autre. Je m'approchai de la fenêtre. Eugénia s'assit pour arranger une de ses tresses. Quelle dissimulation charmante ! Quel art infini et délicat ! Quelle tartuferie profonde ! Et tout cela naturel, simple, sans affectation, naturel comme l'appétit, naturel comme le sommeil. Tant mieux ! Dona Eusébia ne soupçonna rien.

34
À une âme sensible

Il y a ici, parmi les cinq ou dix personnes qui me lisent, il y a certainement ici une âme sensible qui, mise en émoi par le chapitre précédent, commence à trembler pour le sort d'Eugénia, et peut-être... oui, peut-être, au fond de son cœur, me traite de cynique. Moi, cynique, âme sensible ? Par la cuisse de Diane ! Cette injure mériterait d'être lavée dans le sang, si le sang lavait quoi que ce soit en ce monde. Non, âme sensible, je ne suis pas un cynique, je fus un homme. Mon cerveau fut une scène où se jouèrent des pièces de tout genre, la tragédie, le drame sacré, le mélodrame, la comédie, la farce désopilante, les bouffonneries, un pandémonium, âme sensible, une cohue de choses et de personnes où tu aurais pu voir de tout, depuis la rose de Smyrne jusqu'aux pissenlits de ton jardin, depuis le lit somptueux de Cléopâtre jusqu'au coin de plage où le mendiant grelotte son sommeil. En lui se croisaient des pensées de castes et de figures diverses. On n'y respirait pas seulement l'atmosphère de l'aigle et du colibri, mais aussi celle de la limace et du crapaud. Retire donc l'expression, âme sensible, domine tes nerfs, essuie tes lunettes – car cela vient parfois des lunettes – et finissons-en une fois pour toutes avec cette fleur du bosquet.

35
Le chemin de Damas

Or, il arriva que, huit jours après, comme j'étais sur le chemin de Damas, j'entendis une voix mystérieuse murmurer à mon oreille les paroles de l'Écriture (*Act.* IX, 7) : « Lève-toi et va dans la ville. » Cette voix sortait de moi-même et avait une double origine : la pitié, qui me désarmait devant la candeur de cette enfant, et la crainte d'en venir à l'aimer vraiment et à l'épouser. Une femme boiteuse ! Il n'y a pas à douter qu'elle comprit le motif de mon départ. Elle me le dit elle-même, dans la véranda, un lundi soir, lorsque je lui annonçai que je descendrais le lendemain matin.

— Adieu, soupira-t-elle, en me tendant la main avec simplicité ; vous avez raison.

Et comme je ne répondais rien, elle continua :

— Vous avez raison de fuir le ridicule d'un mariage avec moi.

J'allai protester ; elle s'éloigna lentement, en retenant ses larmes. Je la rejoignis à quelques pas et je lui jurai par tous les saints du ciel que j'étais obligé de partir, mais que je ne cessais pas de l'aimer, et beaucoup ; froides hyperboles, qu'elle écoutait sans rien dire.

— Vous ne me croyez pas ? demandai-je à la fin.

— Non, et je vous répète que vous avez raison.

Je voulus la retenir, mais le regard qu'elle me lança n'était plus un regard de supplication mais de commandement. Je quittai Tijuca le matin suivant, moitié affligé, moitié satisfait. Et j'en venais à me dire en moi-même que je devais obéir à mon père, qu'il était convenable pour moi d'embrasser la carrière politique... que la Constitution... que ma fiancée... que mon cheval... que...

36
À propos de bottes

Mon père, qui ne m'attendait pas, m'embrassa avec une tendresse reconnaissante.

— C'est bien certain, cette fois, dit-il. Puis-je enfin ?...

Je le laissai sur cette interruption et j'allai retirer mes bottes qui étaient trop étroites. Une fois soulagé, je respirai largement et j'allai m'étendre de tout mon long, pendant que mes pieds — et moi à leur suite — nous nous abandonnions à une relative béatitude. Je songeai alors que les bottes étroites sont un des plus grands bonheurs de la terre, car, en faisant souffrir les pieds, elles donnent naissance au plaisir de se déchausser. Martyrise tes pieds, malheureux, démartyrise-les ensuite et tu auras la félicité à bon compte, au dire d'Épicure et des cordonniers. Pendant que cette idée travaillait sur le fameux trapèze de mon cerveau, mes yeux erraient du côté de Tijuca, je voyais la petite estropiée se perdre à l'horizon du passé et je sentais que mon cœur ne tarderait pas aussi à déchausser ses bottes. Et il les déchaussa, le jouisseur ! Quatre ou cinq jours après, il savourait ce rapide, ineffable, incoercible moment de jouissance qui succède à une douleur poignante, à une préoccupation, à un ennui... J'en conclus que la vie est le plus ingénieux des phénomènes, qu'elle n'aiguise la faim que pour fournir l'occasion de manger et qu'elle n'a inventé les cors aux pieds que pour augmenter le bonheur sur terre. En vérité, je vous le dis :

toute la sagesse humaine ne vaut pas une paire de bottes trop courtes.

C'est toi, ma pauvre Eugénia, qui ne les aura jamais déchaussées. Tu es allée par la route de la vie, boitillant de la jambe, boitillant de l'amour, triste comme un enterrement de pauvre solitaire, discrète, travailleuse, jusqu'au jour où tu passas toi aussi sur cette rive... Ce que je me demande, c'est si ton existence était bien nécessaire au monde. Qui sait ?... Sur le théâtre de la tragédie humaine, peut-être eût-il suffi d'un figurant de moins pour faire tomber la pièce.

37
Enfin !

Enfin, nous arrivons à Virgilia ! Avant de me rendre chez le conseiller Dutra, je demandai à mon père s'il y avait eu un accord préalable quelconque relativement au mariage.

— Aucun accord. Il y a quelque temps, causant avec lui à ton sujet, je lui fis part de mon désir de te voir député. J'ai parlé de telle façon qu'il m'a promis de faire quelque chose pour toi, je crois qu'il le fera. Quant à la fiancée, c'est le nom que je donne à une petite créature qui est un bijou, une fleur, une étoile, une chose rare... c'est sa fille. J'ai pensé que, l'épousant, tu serais plus vite député.

— C'est tout ?

— C'est tout.

Nous nous rendîmes chez Dutra. C'était une perle que cet homme, gai, jovial, patriote, un peu mécontent des maux dont souffrait le pays, mais ne désespérant pas de les guérir rapidement. Il trouva ma candidature très légitime ; il convenait, cependant, d'attendre quelques mois. Il me présenta à sa femme — une dame respectable — et à sa fille, qui ne démentit en rien le panégyrique de mon père. En rien, je vous le jure. Reportez-vous au chapitre 27. Moi, qui avais des idées à l'égard de la petite, je la regardai d'une certaine façon ; je ne sais si elle en avait de son côté, mais elle ne me regarda pas de façon différente ; et notre premier regard fut purement et simplement conjugal. Au bout d'un mois, nous étions intimes.

38
La quatrième édition

— Venez donc dîner avec nous demain, me dit un soir Dutra.

J'acceptai l'invitation. Le jour suivant, j'envoyai la voiture m'attendre place Saint-François-de-Paule et je fis un tour de ville. Vous souvenez-vous de ma théorie des éditions humaines ? Sachez donc que j'en étais à cette époque à la quatrième édition, revue et corrigée, mais pleine encore de fautes et de barbarismes ; ce défaut trouvait du reste quelque compensation dans l'impression, qui était élégante, et la reliure luxueuse. Comme je passais, en flânant, rue des Orfèvres, je tirai ma montre, le verre tomba sur le pavé. J'entrai dans la première boutique venue ; une cellule — ou à peu près — sombre et poussiéreuse.

Au fond, derrière le comptoir, était assise une femme, dont le visage jaune et grêlé de petite vérole n'attirait pas tout d'abord l'attention ; mais, à l'observer, on avait une impression étrange. Elle n'avait pas dû être laide ; on voyait au contraire qu'elle avait été jolie et même très jolie ; mais la maladie, jointe à une vieillesse précoce, avait détruit en elle tout charme et toute fraîcheur. La petite vérole l'avait marquée de façon terrible ; les cicatrices, énormes, nombreuses, formaient des creux, des bosses, des sillons, donnant l'impression d'une peau de squale rugueuse, extrêmement rugueuse. Les yeux étaient ce qu'il y avait de mieux dans le visage, mais ils avaient une expression singulière et repoussante, qui changea cependant dès que je commençai à parler. Quant aux cheveux, ils étaient gris et presque aussi poussiéreux que la porte du magasin. À un des doigts de la main gauche, brillait un diamant. Le croiras-tu, ô postérité ? Cette femme, c'était Marcella.

Je ne la reconnus pas tout de suite ; c'eût été difficile ; mais elle me reconnut dès que je lui adressai la parole. Les yeux brillèrent et leur expression habituelle fit place à une autre, à la fois douce et triste. Elle eut un mouvement comme pour fuir ou se cacher ; c'était l'instinct de la vanité, dont la réaction ne dura qu'un instant. Elle se résigna, et sourit.

— Vous voulez acheter quelque chose ? dit-elle en me tendant la main.

Je ne répondis pas. Marcella comprit la cause de mon silence (ce qui n'était pas difficile), se demandant seulement, je crois, ce qui dominait en moi, si c'était la stupeur de l'heure présente ou le souvenir des heures passées. Elle m'offrit une chaise et — le comptoir entre nous — me parla longuement d'elle, de sa vie, des larmes que je lui avais fait verser, de ses regrets, de ses malheurs, enfin de la maladie qui avait abîmé son visage et du temps qui avait complété l'œuvre de la maladie. À vrai dire, la décrépitude était dans son âme. Elle avait vendu tout ou presque tout. Un homme qui l'avait aimée autrefois et qui était mort dans ses bras lui avait laissé cette boutique d'orfèvrerie, mais, afin que la malchance fût complète, le magasin était maintenant peu achalandé — peut-être pour la seule singularité d'être tenu par une femme. Elle me demanda ensuite de lui raconter ma vie. Ce fut rapidement fait ; elle n'était ni longue ni intéressante.

— Vous êtes marié ? fit Marcella lorsque j'eus fini.

— Pas encore, répondis-je d'un ton sec.

Marcella tourna les yeux vers la rue, avec ce regard sans expression de qui s'abandonne à ses réflexions ou à ses souvenirs ; quant à moi, je laissais mon esprit revenir vers le passé et, dans l'amas des réminiscences et des regrets, je me demandais à moi-même comment j'avais pu faire tant de folies pour elle. Ce n'était plus évidemment la Marcella de 1822 ; mais sa beauté d'autrefois valait-elle le tiers de mes sacrifices ? C'était ce que je cherchais à savoir, en interrogeant le visage de Marcella. Le visage me disait que non ; et, en même temps les yeux me rapportaient que, autrefois comme aujourd'hui, brillait déjà en eux la flamme de la cupidité. C'était les miens qui n'avaient pas su la voir ; mes yeux de la première édition.

— Mais pourquoi êtes-vous entré ? Vous m'aviez vue de la rue ? demanda-t-elle, en sortant de cette espèce de torpeur.

— Non, je croyais entrer chez un horloger, je voulais un verre pour ma montre. Je vais aller voir ailleurs.

Marcella soupira tristement. La vérité est que je me sentais à la fois affligé et horripilé et qu'il me tardait de me voir hors de cette maison. Marcella, cependant, appela un noir, lui remit ma montre et, malgré mes protestations, l'envoya dans une boutique voisine acheter un verre. Il n'y avait rien à faire, je me rassis. Elle me dit alors qu'elle avait bien besoin de l'appui de ses amis d'autrefois. Elle m'exposa que tôt ou tard je me marierais, c'était naturel, et s'engagea à me céder de jolis bijoux à bon marché. Elle n'employa pas les mots *à bon marché*, mais usa d'une métaphore discrète et transparente. Je commençais à soupçonner qu'elle n'avait eu à souffrir d'aucun malheur (en dehors de sa maladie), qu'elle avait de l'argent en lieu sûr et ne faisait du commerce que pour satisfaire sa passion du gain, qui était le ver rongeur de cette existence ; c'est ce que d'autres m'assurèrent par la suite.

39
Le voisin

Pendant que je me livrais à ces réflexions, un individu de petite taille, sans chapeau, entra dans le magasin, tenant par la main une petite fille de quatre ans.

— Comment cela va-t-il ce matin ? dit-il à Marcella.

— Pas mal, pas mal. Viens ici, Maricota.

L'individu prit la petite par les bras et la fit passer par-dessus le comptoir.

— Va, dit-il, demande à Dona Marcella si elle a passé une bonne nuit. Elle était pressée de venir ici, sa mère n'avait pas pu l'habiller... Eh bien, Maricota ? Demande à madame sa bénédiction... Hein ? gare au fouet !... Bien... Vous n'imaginez pas comment elle est à la maison, elle ne cesse de parler de vous, et ici on dirait une bûche... Hier encore... Je raconte, Maricota ?

— Non, papa, ne le dis pas.

— Alors c'est quelque chose de bien vilain ? demande Marcella en tapotant la joue de l'enfant.

— Je vais vous raconter. Sa mère lui apprend à dire tous les soirs un *Pater* et un *Ave*, qu'elle offre à la Sainte Vierge. Mais hier la petite est venue me demander d'une voix timide... devinez quoi ?... de les offrir à sainte Marcella.

— Pauvre petite ! fit Marcella en l'embrassant.

— C'est de l'amour, de la passion, à un point que vous n'imaginez pas... Sa mère prétend que c'est de la sorcellerie...

L'individu tint encore d'autres propos, tous très aimables, puis se retira en emmenant la petite, non sans m'avoir lancé un regard interrogateur ou soupçonneux. Je demandai à Marcella qui c'était.

– C'est un horloger des environs, un brave homme. Sa femme est très gentille aussi et la petite mignonne, n'est-ce pas ? Je crois qu'ils m'aiment beaucoup... ce sont de braves gens.

En disant ces mots, la voix de Marcella avait comme un frémissement de joie et quelque chose comme une onde de bonheur se répandit sur son visage.

40
En voiture

Le noir revint, rapportant la montre avec un verre neuf. Il était temps ; j'en avais assez d'être là. Je lui donnai une petite pièce d'argent ; je dis à Marcella que je reviendrais un autre jour et je sortis à grands pas. Pour tout dire, je dois avouer que le cœur me battait un peu, mais d'une sorte de glas funèbre. Je me sentais tiraillé par des impressions contradictoires. Notez que ce jour avait débuté pour moi de la façon la plus gaie. Au déjeuner, mon père m'avait récité d'avance le premier discours que je prononcerais à la Chambre des députés ; nous en avions beaucoup ri et le soleil riait lui aussi, brillant comme aux plus beaux jours du monde. Comme rirait Virgilia, quand je lui raconterais notre facétie du déjeuner. Puis soudain le verre de ma montre vient à tomber, j'entre dans la première boutique venue ; et voilà que le passé surgit devant moi, le voilà qui me frôle et me déchire ; le voilà qui m'interroge, avec un visage ridé par les regrets et couturé par la petite vérole...

Je le laissai là. Je sautai rapidement dans la voiture qui m'attendait place Saint-François-de-Paule et je donnai l'ordre au postillon de rouler. Le postillon pressa ses bêtes et la voiture commença de me ballotter, les ressorts de gémir, les roues de tracer leur sillon rapide dans la boue laissée par la pluie récente – et j'avais l'impression de rester sur place. N'avez-vous pas senti parfois un vent tiède, qui n'est ni âpre ni violent, mais accablant, qui n'enlève pas le chapeau de la tête, ne tourbillonne pas dans les jupes des femmes, mais qui, cependant, est ou paraît pire que s'il faisait tout cela, car il abat, affaiblit, semble dissoudre l'esprit ? Je sentais ce vent sur moi. Il n'est pas douteux qu'il soufflait ainsi parce que je me trouvais dans cette espèce de gorge entre le passé et le présent et qu'il aspirait à se répandre sur la plaine de l'avenir. Et, par-dessus tout, cette voiture qui n'avançait pas !

– Eh bien ! João ! criai-je au postillon. Cette voiture, elle marche ou elle ne marche pas ?

– Eh ! Monsieur, nous sommes devant la porte de M. le Conseiller.

41
L'hallucination

C'était vrai. Je me hâtai d'entrer. Je trouvai Virgilia impatiente, de mauvaise humeur, un nuage au front. Sa mère, qui était sourde, était au salon avec elle. Après échange des salutations, la jeune fille me dit sèchement :

– Nous vous attendions plus tôt.

Je me défendis du mieux que je pus. Je parlai du cheval, qui ne voulait pas avancer, d'un ami qui m'avait retenu. Soudain la voix expira sur mes lèvres, je restai frappé de stupeur. Virgilia... était-ce Virgilia cette jeune femme ? Je la fixai intensément et l'impression fut si pénible que je reculai d'un pas et détournai les yeux. Je la regardai à nouveau. La petite vérole avait rongé le visage ; la peau, hier encore si fine, si rose, si pure, m'apparaissait maintenant jaune, portant les stigmates du mal qui avait ravagé la figure de l'Espagnole. Les yeux, jadis espiègles, étaient abattus, la bouche triste, l'allure fatiguée. La regardant toujours, je lui pris la main, l'attirai doucement vers moi. Je ne me trompais pas ; c'étaient bien les marques de la petite vérole. Je crois que j'eus un geste de répulsion.

Virgilia s'éloigna et alla s'asseoir sur le sopha. Je demeurai quelque temps à fixer le sol, à mes pieds. Fallait-il sortir ou rester ? Je rejetai la première solution, qui était simplement absurde et je m'avançai vers Virgilia, qui se tenait assise sans parler. Dieux ! C'était de nouveau la fraîche, la jeune, la belle Virgilia. En vain cherchais-je sur sa figure le moindre vestige de la maladie ; il n'y avait pas trace ; la peau était blanche et fine comme d'ordinaire.

— C'est la première fois que vous me voyez ? demanda-t-elle, se rendant compte que je la dévisageais avec insistance.

— Aussi belle, oui.

Je m'assis. Virgilia, sans mot dire, faisait claquer ses ongles. Après quelques secondes de silence, je lui parlai de choses étrangères à l'incident ; mais elle ne répondait pas, ne me regardait même pas. N'eût été le léger bruit du claquement, on aurait dit la statue du silence. Une seule fois, elle jeta les yeux sur moi, mais de haut, relevant le coin gauche de la bouche, fronçant les sourcils jusqu'à les réunir, donnant ainsi à son visage une expression ambiguë, à la fois comique et tragique.

Il y avait quelque affectation dans ce dédain ; quelque chose comme du fard sur un visage. Au-dedans d'elle-même elle souffrait, c'est certain — que ce fût chagrin réel ou seulement dépit ; et comme la douleur cachée est plus âprement ressentie, il est très probable que Virgilia souffrait le double de ce qu'elle aurait dû souffrir réellement. Mais je crois que cela, c'est de la métaphysique.

42
Qui a échappé à Aristote

Et voici qui me paraît également de la métaphysique : — Vous mettez en mouvement une boule, par exemple ; elle roule, rencontre une autre boule, lui transmet une impulsion et voilà la seconde boule qui roule comme la première. Supposons que la première boule s'appelle... Marcella — c'est une simple supposition ; la seconde, Bras Cubas, et la troisième, Virgilia. Supposons que Marcella, recevant une chiquenaude du passé, roule jusqu'à toucher Bras Cubas — lequel, cédant à la force impulsive, se met à rouler aussi jusqu'à heurter Virgilia, qui n'a rien à voir avec la première boule ; et voici comment, par la simple transmission d'une force, les extrêmes sociaux viennent à se toucher et comment s'établit ce que nous pourrons appeler — la solidarité de l'*ennui* humain. Comment ce chapitre a-t-il pu échapper à Aristote ?

43
Marquise, parce que je serai marquis

Positivement, c'était un petit diable que Virgilia, un petit diable angélique, si vous voulez, mais un diable, et alors...

Alors apparut Lobo Névès, un homme qui n'était ni plus svelte, ni plus élégant, ni plus instruit, ni plus sympathique que moi et qui m'enleva cependant Virgilia et la candidature, en quelques semaines, avec une audace vraiment césarienne. Cela ne fut la conséquence d'aucun dissentiment, il n'y eut pas la moindre pression familiale. Dutra me dit un jour qu'il fallait attendre pour moi une autre occasion, parce que la candidature de Lobo Névès était appuyée par de très grosses influences. Je cédai ; ce fut le commencement de ma défaite. Une semaine plus tard, Virgilia demanda en souriant à Lobo Névès quand il serait ministre.

— À mon gré, tout de suite ; au gré des autres, d'ici un an.

Virgilia répliqua :

— Vous me promettez de me faire un jour baronne ?

— Marquise, parce que je serai marquis.

Dès lors, j'étais perdu. Virgilia compara l'aigle et le paon et choisit l'aigle, laissant le paon à sa stupéfaction et à son dépit, avec les trois ou quatre baisers qu'elle lui avait donnés. Peut-être cinq ; mais y en eût-il eu dix, cela n'aurait rien signifié de plus. La lèvre de l'homme n'est pas comme le pied du cheval d'Attila qui stérilisait le sol qu'il avait touché ; c'est bien plutôt le contraire.

44
Un Cubas !

Mon père fut atterré de ce dénouement, et j'ai lieu de penser qu'il n'est pas mort d'autre chose. Il avait édifié tant de châteaux en Espagne, tant et tant de rêves, qu'il ne put les voir s'effondrer sans un ébranlement profond de tout son être. Au début il se refusait à y croire. Un Cubas ! un rameau de l'arbre illustre des

Cubas ! Il disait cela avec une telle sincérité que moi, qui étais déjà au courant de notre origine tonnelière, j'oubliai pendant un instant la femme versatile pour ne contempler que ce phénomène, pas très rare sans doute, mais toujours curieux : l'imagination élevée au rang de conviction.

— Un Cubas ! me répétait-il le lendemain matin au déjeuner.

Il ne fut pas gai, ce déjeuner ! Moi-même je tombais de sommeil. J'avais passé une partie de la nuit sans dormir. Chagrin d'amour ? Impossible. On n'aime pas deux fois la même femme ; du moment que je devais aimer celle-là quelques années plus tard, je n'étais certainement pris alors par aucun autre lien que par une fantaisie passagère, un peu d'obéissance et beaucoup de fatuité. Et cela suffit à expliquer l'insomnie ; c'était du dépit, un petit dépit aigu comme une pointe d'épingle, qui se dissipa avec des cigares, des coups de poing en l'air et des bribes de lecture, avant le lever de l'aurore, de la plus tranquille des aurores.

Mais moi, j'étais jeune, j'avais le remède en moi. Mon père, lui, ne put supporter le coup aussi facilement. Tout bien réfléchi, il est possible que sa mort n'ait pas été due absolument à cet échec : mais que l'échec ait aggravé son état, c'est certain. Il mourut quatre mois après, triste, accablé, en proie à une préoccupation intense et continue, semblable à un remords, à un désenchantement mortel qui tint la place des rhumatismes et de la toux. Il eut encore une demi-heure de joie, à recevoir la visite d'un ministre. Je lui vis — je m'en souviens nettement — je lui vis son aimable sourire d'autrefois et dans les yeux une lumière concentrée, qui était, pour ainsi dire, le dernier éclat de l'âme expirante. Mais il retomba bientôt dans sa tristesse, la tristesse de partir sans m'avoir vu nanti d'un poste important, comme cela me revenait du reste.

— Un Cubas !

Il mourut quelques jours après la visite du ministre, un matin de mai, entre ses deux enfants, Sabina et moi, mon oncle Ildefonso et mon beau-frère. Il mourut, sans qu'eussent pu lui être d'aucun secours ni la science des médecins, ni l'amour de ses enfants, ni leurs soins qui furent assidus, ni rien ; il devait mourir, il mourut.

— Un Cubas !

45
Notes

Sanglots, larmes, tentures funèbres, velours noir à l'entrée de la maison, un homme qui vient habiller le corps, un autre qui prend la mesure de la bière ; catafalque, chandeliers, faire-parts ; invités qui entrent, lentement, à pas feutrés, et serrent les mains de la famille, quelques-uns tristes, tous sérieux et silencieux ; prêtre et sacristain, prières, aspersions d'eau bénite, fermeture de la bière, clous et marteau ; six personnes qui enlèvent le cercueil du catafalque, le soulèvent, le descendent avec difficulté par l'escalier, nonobstant les cris, les sanglots, de nouvelles larmes de la famille, vont jusqu'au char funèbre, l'y installent, passent et serrent les courroies ; roulement du char, roulement des voitures une à une... Cela paraît un simple inventaire : ce sont des notes que j'avais prises pour un chapitre triste et banal, que je n'écrirai pas.

46
L'héritage

Que le lecteur maintenant se représente la scène, huit jours après la mort de mon père : ma sœur assise sur un divan, un peu en avant d'elle, Cotrim, debout, appuyé à une console, les bras croisés, mordant sa moustache ; moi, marchant de long en large, les yeux à terre. Grand deuil. Profond silence.

— Enfin, dit Cotrim, cette maison ne vaut guère plus de trente contos ; admettons qu'elle en vaille trente-cinq...

— Elle en vaut cinquante, fis-je remarquer ; Sabina sait qu'elle en a coûté cinquante-huit.

— En aurait-elle même coûté soixante, rétorqua Cotrim, cela ne prouverait pas qu'elle les ait jamais valus et encore moins qu'elle les vaille aujourd'hui. Vous savez que le prix des immeubles a beaucoup baissé depuis quelques années. Et si celle-ci vaut cinquante contos, combien ne vaut pas celle que vous voulez pour vous, la maison du Campo ?

— N'en parlons pas ! Une vieille maison.

— Vieille ! s'exclama Sabina, en levant les mains au ciel.

— Je parie que tu la trouves neuve ?

— Écoute, Bras, laissons cela, dit Sabina en se levant ; nous pouvons nous arranger à l'amiable et en toute loyauté. Par exemple, Cotrim ne tient pas aux noirs, il veut seulement le postillon de papa, Paulo et...

— Le postillon, non, protestai-je ; puisque je garde la voiture, je ne vais pas en acheter un autre.

— Bon. Alors je garde Paulo et Prudencio.

— Prudencio est libre.

— Libre ?

— Depuis deux ans.

— Libre ? C'est inouï comme votre père traitait les affaires de sa maison, sans en faire part à personne ! C'est bien. Quant à l'argenterie... je pense qu'il n'a pas libéré l'argenterie ?

Il s'agissait de notre argenterie, la vieille vaisselle du temps de Dom José Ier, le lot le plus important de la succession, tant par le travail que par l'ancienneté et par l'origine ; d'après mon père, c'était le comte da Cunha, alors vice-roi du Brésil, qui en avait fait présent à mon bisaïeul Luiz Cubas.

— Quant à l'argenterie, continua Cotrim, je n'en ferais pas question, sans le désir que manifeste votre sœur de la voir lui revenir ; et je trouve qu'elle a raison. Sabina est mariée, elle a besoin d'un beau service de table, qui lui fasse honneur. Vous, vous êtes célibataire, vous ne recevez pas, vous ne...

— Mais je peux me marier.

— Pourquoi ? interrompit Sabina.

Cette question était à tel point sublime que pour un instant elle me fit oublier la discussion d'intérêts. Je souris, je pris la main de Sabina et la tapotai doucement, d'un air de si bonne humeur que Cotrim interpréta mon geste comme un acquiescement et m'en remercia.

— De quoi ? répondis-je. Je n'ai rien cédé et je ne cède rien.

— Vous ne cédez rien ?

Je secouai la tête.

— Laisse, Cotrim, dit ma sœur à son mari. Peut-être veut-il aussi nos chemises : il ne manque plus que cela.

— Oh ! il ne manque plus rien. Il lui faut la voiture, il lui faut le postillon, il lui faut l'argenterie, il lui faut tout. Il est beaucoup plus simple de nous citer en justice et de prouver, avec témoignages à l'appui, que Sabina n'est pas votre sœur, que je ne suis pas votre beau-frère et que Dieu n'est pas Dieu. Comme cela vous ne perdrez rien, pas même une petite cuillère. Allons, mon ami, parlons d'autre chose !

Il était si furieux – et moi également – que j'eus l'idée d'offrir ce moyen de conciliation : partager l'argenterie. Il ricana et me demanda à qui reviendrait la théière, à qui le sucrier. Après quoi, il déclara que nous aurions le temps d'établir nos droits, tout au moins en justice. Pendant ce débat, Sabina était allée à la fenêtre qui donnait sur la campagne – puis un moment après, elle revint et proposa de me céder Paulo et un autre noir en échange de l'argenterie. J'allais dire que cela ne me convenait nullement, quand Cotrim, prenant les devants, exprima la même opinion :

– Jamais ! dit-il. Je ne fais pas l'aumône !

Le dîner fut morne. Mon oncle le chanoine apparut au dessert et assista encore à une petite altercation.

– Mes enfants, dit-il, n'oubliez pas que mon frère a laissé un bien grand pain à partager entre tous.

Mais Cotrim :

– Je sais, je sais. Aussi bien, n'est-ce pas de pain qu'il est question, mais de beurre. Je ne peux pas avaler le pain sec.

Le partage s'effectua finalement, mais nous étions brouillés. Et je vous dirai qu'il m'en coûta tout de même beaucoup de me brouiller avec Sabina. Nous étions si unis ! Jeux puérils, colères d'enfants, rires et tristesses de l'âge adulte, nous avions partagé souvent ce pain de la joie et de la douleur, fraternellement, comme de bons frère et sœur que nous étions. Et maintenant nous étions brouillés. Tout comme la beauté de Marcella s'était évanouie avec la petite vérole.

47
Réclusion

Marcella, Sabina, Virgilia... je suis là à fondre tous les contrastes, comme si ces noms et ces personnes n'étaient que des aspects de ma propre affection intérieure. Plume libertine, mets une cravate à ton style, revêts-le d'un gilet plus propre ; et après, oui, viens avec moi, entre dans cette maison, étends-toi sur ce lit qui berça la meilleure partie des années qui s'écoulèrent pour moi depuis l'inventaire de mon père jusqu'en 1842. Viens ; et si tu y flaires quelque parfum de toilette, ne crois pas que je l'aie fait répandre pour mon plaisir ; ce n'est qu'un vestige du passage de N., ou de Z., ou de O. – d'une quelconque de ces majuscules, qui toutes sont venues bercer ici leur élégante abjection. Mais sache que si tu y cherches autre chose que le parfum, tu en seras pour tes frais : je n'ai conservé ni portraits, ni lettres, ni souvenirs, l'émotion même s'est dissipée, je n'ai gardé que les initiales.

Je vivais dans une demi-réclusion, allant de loin en loin à quelque bal, au théâtre, à une conférence, mais passant la plus grande partie de mon temps en tête à tête avec moi-même. Je vivais ; je m'abandonnais au flux et au reflux des événements et des jours, tantôt agité, tantôt apathique, flottant entre l'ambition et le découragement. J'écrivais sur la politique et je faisais de la littérature. J'envoyais aux journaux des articles et des vers et je finis par acquérir une certaine réputation de polémiste et de poète. Quand je pensais à Lobo Névès, déjà député, et à Virgilia, future marquise, je me demandais intérieurement pourquoi je ne serais pas meilleur député et meilleur marquis que

Lobo Névès, — moi qui valais mieux, beaucoup mieux que lui —, et je disais cela en fixant le bout de mon nez...

48
Un cousin de Virgilia

— Savez-vous qui est arrivé hier de São Paulo ? me demanda un soir Luiz Dutra.

Luiz Dutra était cousin de Virgilia ; il était, lui aussi, un familier des Muses. Ses vers étaient agréables et avaient plus de valeur que les miens ; mais il avait besoin que la sanction de certaines personnes lui confirmât l'approbation des autres. Timide, il n'interrogeait pas, mais il se délectait à entendre la moindre parole d'éloge. Cela lui donnait de nouvelles forces et il se lançait au travail avec une ardeur juvénile.

Pauvre Luiz Dutra ! À peine avait-il publié quelque chose, que je le voyais accourir. Il commençait à tourner autour de moi, à l'affût d'un jugement, d'une parole, d'un geste qui fût une approbation de sa dernière production. Moi, je lui parlais de mille choses différentes — du dernier bal de Catete, des débats de la Chambre, de chevaux, de voitures — de tout, sauf de ses vers ou de sa prose. Il me répondait d'abord avec animation, puis plus mollement, il cherchait à tirer la bride de la conversation vers son sujet, ouvrait un livre, me demandait si j'avais quelque travail en train, je lui répondais oui ou non, mais je déviais la conversation d'un autre côté, il me suivait un moment, puis s'arrêtait et sortait tristement. Ce que je voulais, c'était l'amener à douter de lui-même, le décourager, l'éliminer. Et cela, toujours en fixant le bout de mon nez...

49
Le bout du nez

Nez, conscience sans remords, tu m'as rendu bien des services au cours de la vie... T'es-tu parfois demandé à quoi sert le nez, cher lecteur ? L'explication du docteur Pangloss est que le nez a été créé pour l'usage des lunettes – et j'avoue que, pendant un certain temps, cette explication me parut définitive ; mais vint un jour où, en ruminant cette question ainsi que d'autres points de philosophie aussi obscurs, je découvris l'unique, la véritable, la définitive explication.

Je n'eus en effet qu'à réfléchir aux habitudes des fakirs. Le lecteur sait que le fakir passe de longues heures à fixer le bout de son nez, dans le but seul de voir resplendir la lumière céleste. Quand il croise ses regards sur le bout de son nez, il perd le sentiment des choses extérieures, il s'abîme dans l'invisible, il saisit l'impalpable, il se détache de la terre, il se dissout, il s'éthérise. Cette sublimation de l'être par le bout du nez est le phénomène le plus élevé de l'esprit et la faculté de le réaliser n'appartient pas seulement au fakir : elle est universelle. Chaque homme a le besoin et le pouvoir de contempler son propre nez, afin d'apercevoir la lumière céleste, et cette contemplation, dont le résultat est la subordination de l'univers à un nez unique, constitue l'équilibre des sociétés. Si les nez se contemplaient exclusivement les uns les autres, le genre humain n'aurait pas pu durer deux siècles : il se serait éteint avec les premières tribus.

J'entends d'ici une objection du lecteur : – Comment peut-il en être ainsi, dira-t-il, puisque jamais personne n'a vu les hommes en train de contempler leur propre nez ?

Lecteur à l'esprit obtus, cela prouve que tu n'es jamais entré dans le cerveau d'un chapelier. Un chapelier passe devant un magasin de chapeaux ; c'est la boutique d'un rival, qui l'a ouverte il y a deux ans ; elle avait alors deux portes, elle en a aujourd'hui quatre, elle en aura bientôt six ou huit. Dans la devanture sont exposés les chapeaux du rival, par les portes entrent les clients du rival ; le chapelier compare cette boutique avec la sienne, qui est plus ancienne et n'a que deux portes, ces chapeaux avec les siens, moins recherchés bien que de prix égal. Il est naturellement mortifié, mais il s'en va, plongé dans ses pensées, les yeux levés ou baissés, se demandant quelles peuvent être les raisons de la prospérité de l'autre et de son propre insuccès, alors que lui, chapelier, est bien meilleur chapelier que l'autre chapelier... C'est à ce moment que ses yeux se fixent sur le bout de son nez.

La conclusion est donc qu'il existe deux forces capitales : l'amour, qui multiplie l'espèce, et le nez, qui la subordonne à l'individu. Procréation, équilibre.

50
Virgilia mariée

— La personne qui est arrivée de São Paulo, c'est ma cousine Virgilia, la femme de Lobo Névès, continua Luiz Dutra.

— Ah !

— Et c'est aujourd'hui seulement que j'ai appris une chose, grand polisson...

— Quelle chose ?

— Que vous avez jadis voulu l'épouser.

— C'était une idée de mon père. Qui vous l'a dit ?

— Elle-même. Je lui ai beaucoup parlé de vous et alors elle m'a tout raconté.

Le jour suivant, me trouvant rue Ouvidor, devant la porte de l'imprimerie Plancher, j'aperçus, à une certaine distance, une femme splendide. C'était elle. Je ne la reconnus qu'à quelques pas, tellement elle était différente, tellement la nature et l'art avaient porté sa beauté au plus haut point. Nous nous saluâmes. Elle passa et monta avec son mari dans une voiture qui les attendait un peu plus loin. Je restai interdit.

Huit jours après, je la rencontrai dans un bal : je crois que nous échangeâmes deux ou trois mots. Mais à un autre bal, donné un mois plus tard chez une dame qui avait été la parure des salons du premier règne et qui ne déparait pas encore ceux du second, le rapprochement fut plus long et plus complet : nous pûmes causer et valser. La valse est une chose exquise. Nous valsâmes. Je ne nierai pas que, à approcher de mon corps ce corps souple et splendide, j'eus une singulière sensation, la sensation d'un homme qui a été volé.

— Il fait très chaud, dit-elle quand nous eûmes fini. Nous allons sur la terrasse ?

— Non, vous pourriez vous enrhumer. Passons dans un autre salon.

Dans l'autre salon se trouvait Lobo Névès, qui m'adressa de vifs compliments au sujet de mes écrits politiques, ajoutant qu'il ne disait rien de mes œuvres littéraires, n'était pas compétent pour les juger : mais les articles politiques étaient excellents, bien pensés et bien écrits. Je répondis avec un égal souci de courtoisie et nous nous quittâmes fort contents l'un de l'autre.

Environ trois semaines après, je reçus une invitation de Virgilia pour une réunion intime. Je m'y rendis. Elle me reçut avec ces mots aimables : — « Aujourd'hui vous valserez avec moi. » J'avais alors, il est vrai, la réputation d'un valseur émérite ; rien d'étonnant à ce qu'elle me préférât. Nous valsâmes une fois, puis une autre fois. Un livre perdit Francesca ; ce fut la valse qui nous perdit. Je crois que cette nuit-là je lui serrai la main avec force, elle me la laissa, semblant oublier tout, et je la serrais dans mes bras, sous les regards fixés sur nous et sur les autres couples qui tournaient, également enlacés... Un délire.

51
Elle est à moi !

— Elle est à moi ! me disais-je, en la passant à un autre cavalier ; et j'avoue que, pendant tout le restant de la soirée, cette idée ne cessa de pénétrer de plus en plus profondément dans mon esprit, non à coups de marteau, mais sous une action de vrille plus insinuante.

— Elle est à moi ! me disais-je en arrivant devant ma porte.

Mais là, comme si le destin ou le hasard ou quoi que ce fût eût voulu donner quelque chose en pâture à cette ivresse de possession, je vis luire à terre un objet jaune et rond. Je me baissai ; c'était une pièce d'or, un demi-doublon.

— Elle est à moi ! répétai-je en riant, et je la mis dans ma poche.

Cette nuit-là, je ne pensai plus à la pièce ; mais le lendemain, en me remémorant l'incident, je sentis quelques soubresauts de ma conscience et une voix qui me demandait pourquoi diable serait à moi une pièce d'or qui ne provenait ni d'un gain ni d'un héritage, mais que j'avais seulement trouvée dans la rue. De toute évidence, elle n'était pas à moi ; elle était à un autre, à celui qui l'avait perdue, riche ou pauvre, peut-être à un pauvre, quelque ouvrier qui n'aurait pas de quoi donner à manger à sa femme et à ses enfants ; et même si c'était un riche, mon devoir restait le même. Il fallait rendre la pièce et le meilleur moyen, l'unique moyen, c'était de le faire par l'intermédiaire d'une annonce ou de la police. J'écrivis donc au chef de la police, en lui envoyant ma trouvaille et en lui demandant de bien vouloir, par les moyens à sa portée, la faire parvenir aux mains de son légitime possesseur.

J'expédiai la lettre et je déjeunai tranquillement, je puis même dire joyeusement. Ma conscience avait tellement valsé la veille qu'elle était encore essoufflée, suffoquée ; mais la restitution du demi-doublon fut une fenêtre ouverte pour elle sur un autre côté de la morale ; une bouffée d'air pur entra et la pauvre dame respira largement. Aérez vos consciences ! je ne vous dis que ça. D'ailleurs, abstraction faite de toutes autres circonstances, mon acte était beau, il était l'expression d'un juste scrupule, d'un sentiment délicat. C'est ce que me disait madame ma conscience, d'un ton à la fois austère et affable ; c'est ce qu'elle me disait, penchée sur l'appui de cette fenêtre ouverte :

— Tu as bien fait. Cubas, tu t'es parfaitement bien conduit. Cet air n'est pas seulement pur, il est embaumé, c'est une émanation des jardins éternels. Veux-tu voir ce que tu as fait, Cubas ?

Et la bonne dame, tirant un miroir, me le mit devant les yeux. Je vis, en pleine clarté, le demi-doublon de la veille, rond, brillant, je le vis se multiplier — devenir dix, puis trente, puis cinq cents — exprimant ainsi le bénéfice que je retirerais dans la vie et dans la mort de ce simple acte de restitution. Et tout mon être se dilatait dans la contemplation de cet acte, je me revoyais en lui, je me trouvais bon, et même grand. Une simple pièce, hein ? Voyez ce que c'est que d'avoir valsé un petit peu trop.

C'est ainsi que moi, Bras Cubas, je découvris une loi sublime, la loi de l'équivalence des fenêtres et que j'établis que, pour compenser la fermeture d'une fenêtre, il faut en ouvrir une autre, afin que la morale puisse aérer continuellement la conscience. Peut-être ne comprenez-vous pas bien cela ; peut-être désirez-vous une chose plus concrète, un paquet, par exemple, un paquet mystérieux. Eh bien, va pour le paquet mystérieux.

52
Le paquet mystérieux

Il se trouva que, par hasard, quelques jours plus tard, allant à Botafogo, je trébuchai contre un paquet qui se trouvait sur la plage. Trébucher n'est pas exact ; ce fut moins un heurt qu'un coup de pied. Voyant un paquet, pas grand, mais propre et correctement fait, attaché avec une bonne ficelle, bref une chose qui avait l'air de quelque chose, j'eus l'idée de le pousser du pied, par curiosité : je le poussai et le paquet résista. Je jetai les yeux autour de moi ; la plage était déserte ; quelques enfants jouaient au loin ; plus loin encore, un pêcheur réparait son filet — personne qui pût me voir. Je me baissai, ramassai le paquet et continuai mon chemin.

Non sans crainte : ce pouvait être en effet une farce de gamins. Je songeai à rejeter le paquet sur la plage, mais, l'ayant palpé, je repoussai cette idée. Je fis encore quelques pas, puis je rebroussai chemin et revins chez moi.

— Voyons, dis-je en entrant dans mon cabinet.

J'hésitai un instant, peut-être par honte ; de nouveau la crainte d'une blague m'assaillit. Il est certain que je n'avais là aucun témoin extérieur ; mais j'avais en moi-même un garnement qui n'aurait pas manqué de siffler, de crier, de grogner, de huer, de taper des pieds, de glousser, de faire le diable, s'il m'avait vu ouvrir le paquet et en tirer une douzaine de vieux mouchoirs ou deux douzaines de goyaves pourries. Trop tard ; ma curiosité était aiguisée, comme doit l'être celle du lecteur. Je défis le paquet et je vis... je trouvai... je comptai... je recomptai... pas moins de cinq contos de reis[1]. Pas moins. Peut-être quelque dix milreis en plus. Cinq contos en bons billets et bonnes pièces, tout cela bien net, bien classé : une trouvaille unique. Je refis le paquet. À dîner, il me sembla que l'un des noirs faisait signe de l'œil à l'autre. M'auraient-ils épié ? Je les interrogeai discrètement et je conclus que non. Après le dîner je retournai dans mon cabinet, j'examinai encore l'argent et je ris des soins maternels dont j'entourais ces cinq contos — moi qui étais riche.

Pour n'y plus penser, j'allai le soir chez Lobo Névès, qui m'avait vivement prié de ne pas manquer les réceptions de sa femme. Je rencontrai là le chef de la police, auquel je fus présenté ; il se souvint de la lettre et du demi-doublon que je lui avais envoyés quelques jours avant. Il raconta l'affaire. Virgilia parut apprécier beaucoup mon geste et chacun des assistants trouva moyen de raconter une anecdote analogue, que j'écoutais avec des impatiences de femme hystérique.

La nuit, le lendemain et toute la semaine, je pensai le moins que je pus aux cinq contos et je dois confesser que je les laissai bien tranquilles dans le tiroir de mon bureau. Je me plaisais à parler de tout, sauf d'argent et surtout d'argent trouvé. Cependant ce n'était pas un crime de trouver de l'argent, c'était un bonheur, une chance, peut-être une attention de la Providence. Ce ne pouvait être autre chose. On ne perd pas cinq contos de reis comme on perd son mouchoir. Cinq contos, cela se porte avec trente mille précautions, on les palpe sans cesse, on ne les quitte pas des yeux, ni des mains, ni de la pensée, et pour les perdre aussi bêtement sur une plage, il faut que... Le crime

1. Environ vingt-mille francs de l'époque.

aurait été de ne pas les trouver. Il n'y avait là ni crime, ni déshonneur, rien qui pût ternir le caractère d'un homme. C'était une trouvaille, un hasard heureux, comme le gros lot, comme un gain aux courses ou à tout autre jeu honnête et je dirai même que mon bonheur était mérité, parce que je ne me sentais nullement un être mauvais, indigne des bienfaits de la Providence.

— Ces cinq contos, me disais-je, trois semaines plus tard, je les emploierai à quelque bonne œuvre, peut-être doter une fille pauvre, ou à autre chose de ce genre... je verrai...

Le même jour, je les portai à la Banque du Brésil. On me reçut avec maintes allusions délicates à l'incident du demi-doublon, dont la nouvelle allait se répandant parmi les personnes de ma connaissance. Je répondis, agacé, que le geste ne méritait pas un tel retentissement ; on loua alors ma modestie — et comme je me fâchais, on me répliqua que j'étais grand, simplement grand.

53

....

Virgilia, elle, ne se souvenait plus du demi-doublon. Elle était toute concentrée sur moi, sur mes yeux, sur ma vie, sur ma pensée ; elle le disait et c'était la vérité.

Il y a des plantes qui naissent et croissent vite ; d'autres sont tardives et mal venues. Notre amour était de la première espèce : il jaillit d'un tel élan, avec une telle sève, que, en peu de temps, il était la plus grande, la plus touffue, la plus exubérante des créations de la nature. Je ne pourrais vous dire exactement combien de jours demanda cette croissance. Je me souviens d'un certain soir qui vit éclore la fleur, ou le baiser, si vous préférez l'appeler ainsi, un baiser qu'elle me donna, tremblante – la pauvre petite – tremblante de crainte, parce que cela se passait au portail du jardin. Nous nous unîmes dans ce baiser unique, bref comme l'occasion, ardent comme l'amour, prologue d'une vie de délices, de terreurs, de remords, de plaisirs qui s'achevaient en douleur, d'afflictions qui s'épanouissaient en allégresse – une hypocrisie patiente et systématique, unique frein d'une passion sans frein – vie d'agitations, de colères, de désespoirs et de jalousies, qu'une heure suffisait à payer surabondamment ; mais venait une autre heure, qui engloutissait la première et tout son cortège, ne laissant surnager que les agitations et le reste, et le reste du reste, qui est l'ennui et la satiété. Tel fut le livre de ce prologue.

54
La pendule

Je rentrai savourer le baiser. Je ne pus dormir. Je m'étendis bien sur mon lit, mais cela ne servit à rien. J'entendis toutes les heures de la nuit. D'ordinaire, en cas d'insomnie, le battement de la pendule m'était une souffrance, ce *tic-tac* lent, triste et sec, semblait dire à chaque coup que j'allais avoir un moment de moins à vivre. J'imaginais alors un vieux diable, assis entre deux sacs, celui de la vie et celui de la mort, tirant les monnaies de la vie pour les donner à la mort et les comptant ainsi :

– Une de moins...

– Une de moins...

– Une de moins...

– Une de moins...

Le plus curieux, c'est que, si la pendule venait à s'arrêter, je la remontais aussitôt, pour qu'elle ne cessât pas de battre et que je pusse continuer à compter tous mes instants perdus. Il y a des inventions qui se transforment ou disparaissent, les institutions elles-mêmes meurent : l'horloge est définitive et perpétuelle. Le dernier homme, au moment de quitter cette terre froide et dévastée, aura dans sa poche une montre, pour savoir l'heure exacte de sa mort.

Cette nuit-là, je ne ressentis pas cette impression de désagrément pénible, mais une autre, délicieuse. Les fantaisies s'agitaient en moi, se pressaient les unes contre les autres, comme ces dévotes qui se bousculent pour voir l'ange-chanteur des processions. Je n'entendais plus battre les instants perdus, mais les minutes gagnées. À partir d'un certain moment je n'entendis plus rien, parce que ma pensée, astucieuse et espiègle, avait sauté par la fenêtre et battu des ailes en direction de la maison de Virgilia. Là elle trouva, accoudée à la fenêtre, la pensée de Virgilia : elles se saluèrent et se mirent à causer. Pendant que le froid et le besoin de repos nous tenaient dans nos lits, là-bas, ces deux flâneuses répétaient le vieux dialogue d'Adam et Ève.

55
Le vieux dialogue d'Adam et Ève

BRAS CUBAS

........?

VIRGILIA

....

BRAS CUBAS

....
....

VIRGILIA

........!

BRAS CUBAS

....

VIRGILIA

....
........?...
....

BRAS CUBAS

....

VIRGILIA

....

BRAS CUBAS

....
....
....
........!...
....!

VIRGILIA

....?

BRAS CUBAS

........!

VIRGILIA

........!

56
Le moment opportun

Mais qui diable pourra m'expliquer la raison de ce changement ? Un jour nous faisons connaissance, il est question de mariage, on y renonce, nous nous séparons, tout cela à froid et sans douleur, parce qu'il n'y avait pas d'amour entre nous ; à peine éprouvai-je un léger dépit et rien de plus. Les années passent, je la revois, nous faisons trois ou quatre tours de valse et nous voilà à nous aimer à la folie. La beauté de Virgilia avait certes atteint un haut degré de perfection, mais en substance nous étions les mêmes, et moi, pour ma part, je n'étais devenu ni plus beau ni plus élégant. Qui pourra m'expliquer la raison de ce changement ?

Il ne pouvait y en avoir d'autre que le moment opportun. Le premier moment n'avait pas été opportun, parce que, si nous étions l'un et l'autre mûrs pour l'amour, nous ne l'étions pas pour *notre* amour : distinction fondamentale. Il n'y a pas d'amour possible sans opportunité des deux sujets. Je découvris moi-même cette explication, deux ans après le premier baiser, un jour où Virgilia se plaignait à moi d'un élégant de la ville qui tournait autour d'elle en lui faisant une cour assidue.

— Quel importun ! me dit-elle avec une grimace d'agacement.

Je tressaillis, je la regardai et vis que son indignation était sincère. Je songeai alors que j'avais pu peut-être provoquer parfois cette même grimace et je compris aussitôt toute la grandeur de mon évolution. D'importun, j'étais devenu opportun.

57
Le destin

Oui, monsieur, nous nous aimions. Maintenant que toutes les lois sociales nous l'interdisaient, c'était maintenant que nous nous aimions vraiment. Nous étions unis l'un à l'autre, comme les deux âmes que le poète rencontra au Purgatoire :

Di pari, comme buoi, che vanno a giogo.

Je m'exprime mal, du reste, en nous comparant à des bœufs, car nous étions plutôt d'une autre espèce d'animal, moins indolent, plus audacieux, plus lascif. Et nous voilà partis à l'aventure, sans savoir jusqu'où ni par quels chemins inconnus : problème qui m'inquiéta pendant quelques semaines, mais dont je remis la solution au destin. Pauvre Destin ! Que fais-tu maintenant, grand procureur des affaires humaines ? Peut-être travailles-tu à créer une peau neuve, une nouvelle figure, d'autres qualités, un autre nom, et il n'est pas impossible que... Je ne me rappelle plus où j'en étais... Ah oui ! aux chemins inconnus. Je décidai donc qu'il adviendrait désormais ce que Dieu voudrait. C'était notre destinée de nous aimer ; sinon, comment expliquer la valse et le reste ? Virgilia pensait de même. Un jour, après m'avoir avoué qu'elle avait des moments de remords, comme je lui disais que, si elle avait des remords, c'était qu'elle ne m'aimait pas, elle m'enlaça de ses bras superbes et murmura :

— Je t'aime, c'est la volonté du ciel.

Et cette parole n'était pas dite au hasard. Virgilia avait un peu de religion. Il est vrai qu'elle n'allait pas à la messe le dimanche et je crois bien qu'elle n'apparaissait à l'église que les jours de fête et lorsqu'il y avait de la place dans quelque tribune. Mais elle faisait sa prière tous les jours, avec ferveur ou tout au moins avec sommeil. Elle avait peur du tonnerre ; en cas d'orage, elle se bouchait les oreilles et marmottait toutes les oraisons du catéchisme. Elle avait dans sa chambre un petit oratoire en jacaranda sculpté, d'un demi-mètre de hauteur, avec trois statuettes à l'intérieur ; mais elle n'en parlait pas à ses amies. Elle traitait au contraire de bigotes celles qui étaient simplement religieuses. J'ai cru pendant quelque temps qu'il y avait en elle, en matière de croyance, un peu de fausse honte et que sa religion était une sorte de chemise de flanelle, préservatrice et clandestine ; mais évidemment je me trompais.

58
Confidence

Lobo Névès, au début, m'inspirait beaucoup d'inquiétude. Pure illusion de ma part ! Il adorait sa femme et ne se gênait pas pour me le dire à chaque instant ; il trouvait en Virgilia la perfection même, un ensemble, un modèle. Et sa confiance ne s'arrêtait pas là : d'abord simple lucarne, elle finit par être une porte largement ouverte. Il m'avoua un jour qu'il y avait un ver rongeur dans son existence ; il lui manquait la renommée publique. Je le réconfortai ; je lui dis beaucoup de belles choses, qu'il écouta avec cette onction religieuse d'un désir qui ne veut pas s'éteindre : je compris alors que son ambition était lasse de battre des ailes, sans pouvoir prendre son vol. Quelques jours plus tard, il me confia tout au long ses dégoûts et ses découragements, les amertumes ravalées, les rages étouffées ; il me dit que la vie politique était un tissu de jalousies, de dépits, d'intrigues, de perfidies, d'intérêts, de vanités. Il traversait évidemment une crise de mélancolie ; je fis de mon mieux pour la combattre.

— Je sais ce que je dis, répliqua-t-il tristement. Vous ne pouvez imaginer ce que j'ai passé. Je suis entré dans la politique par goût, par tradition de famille, par ambition, un peu par vanité. Vous voyez que je réunissais en moi tous les motifs qui poussent un homme à la vie publique ; il ne me manquait qu'un intérêt d'une autre nature. Je n'avais encore vu le théâtre que du côté de la salle ; je vous jure qu'il était beau ! Scénario superbe, de la vie, du mouvement, de l'agrément dans la représentation. Je m'engageai dans la troupe ; on me donna un rôle qui... Mais à quoi bon vous ennuyer avec tout cela ? Laissez-moi à mes rancœurs. Croyez que j'ai passé des heures et des jours... Il n'y a pas de constance dans les sentiments, il n'y a pas de gratitude, il n'y a rien... rien... rien...

Il se tut, profondément abattu, les yeux au ciel, semblant ne rien entendre, sauf l'écho de ses propres pensées. Après quelques instants il se redressa et me tendit la main : — Vous allez vous moquer de moi, dit-il ; mais excusez ce moment d'épanchement, j'avais en tête une histoire qui me tenaillait l'esprit. Et il riait, d'un air sombre et désabusé. Il me demanda de ne parler à personne de ce qui s'était passé entre nous ; je lui affirmai que, en toute rigueur, il ne s'était rien passé. Arrivèrent deux députés et un chef politique de la paroisse. Lobo Névès les reçut avec une gaieté un peu forcée au début, mais bientôt toute naturelle. Une demi-heure après, nul n'aurait pu penser qu'il n'était pas le plus heureux des hommes ; il causait, il plaisantait, il riait et tous riaient avec lui.

59
Une rencontre

La politique doit être un vin bien capiteux, me disais-je en sortant de chez Lobo Névès et, tout en marchant, j'allai, j'allai jusqu'à la rue des Barbonos, où j'aperçus dans une voiture un des ministres, ancien camarade de collège. Nous nous saluâmes amicalement, la voiture passa, et continuant à marcher, j'allai... j'allai... j'allai...

— Pourquoi ne serais-je pas ministre ?

Cette idée, idée grandiose, éclatante — bizarrement drapée comme eût dit le père Bernadès — se mit aussitôt à exécuter des cabrioles vertigineuses. Je ne la quittai pas des yeux et lui trouvai du charme. Je ne pensais plus au découragement de Lobo Névès ; j'éprouvais l'attirance de l'abîme. Je me rappelais cet ancien camarade d'enfance, nos courses dans la campagne, nos jeux, nos espiègleries, je comparais l'enfant à l'homme et me demandais pourquoi il n'en serait pas de moi comme de lui. J'entrai dans le jardin public et tout me semblait répéter le même refrain : « Pourquoi ne serais-tu pas ministre, Cubas ? pourquoi ne serais-tu pas ministre d'État ? » Je ressentais, à l'entendre, une fraîcheur délicieuse dans tout mon organisme. J'entrai et j'allai m'asseoir sur un banc, à ruminer cette idée. C'est Virgilia qui serait heureuse ! Au bout de quelques minutes, je vis s'avancer vers moi une figure qui ne me semblait pas inconnue. D'où que ce fût, je la connaissais.

Imaginez un homme de trente-huit à quarante ans, grand, maigre et pâle. Les vêtements — mis à part leur coupe — semblaient échappés de la captivité de Babylone ; le chapeau était contemporain de celui de Gessler. Imaginez maintenant une redingote, plus large que ne le demandaient les formes — ou plus exactement les os — de la personne ; la couleur noire du vêtement commençait à tirer vers un jaune sans éclat ; l'étoffe était lissée ; des huit boutons primitifs, trois avaient survécu. Le pantalon, de toile grise, montrait deux fortes genouillères, tandis que le bas en était rongé par le talon d'un soulier sans miséricorde et sans cirage. Au cou flottaient les pointes d'une cravate de deux couleurs, toutes deux passées, enserrant un col de huit jours. Je crois qu'il portait aussi un gilet, un gilet de soie foncée, déchiré par endroits et déboutonné.

— Je parie, que vous ne me reconnaissez pas, Dr Cubas ? me dit-il.

— Je ne me souviens pas...

— Borda, Quincas Borba.

Je reculai stupéfait... Qui me donnera le verbe solennel d'un Bossuet ou d'un Vieira, pour dépeindre une telle infortune ! C'était là Quincas Borba, le gracieux enfant d'autrefois, mon camarade de collège, si riche, si intelligent ! Quincas Borba ! Non, c'était impossible, ce ne pouvait être lui. Je ne pouvais me résigner à croire que ce personnage crasseux, cette barbe mouchetée de blanc, ce loqueteux vieilli avant l'âge, que toute cette ruine, ce fût Quincas Borba. Mais c'était bien lui. Ses yeux avaient quelque chose de l'expression d'autrefois et le sourire n'avait pas perdu ce petit air moqueur qui lui était particulier. En attendant, il affrontait avec assurance mon étonnement. Au bout d'un instant, je détournai les yeux : si l'aspect était repoussant, la comparaison était affligeante.

— Pas besoin de rien vous expliquer, dit-il enfin ; vous devinez : une vie de misères, de tribulations et de luttes. Vous souvenez-vous de nos fêtes, où je faisais les rôles de roi ? Quelle dégringolade ! Je finis mendiant...

Et haussant la main droite et les épaules d'un air d'indifférence, il semblait résigné aux coups du sort, résigné... je ne sais si je ne dois pas dire satisfait. Oui, satisfait peut-être ; en tout cas, impassible. Ce n'était pas la résignation chrétienne ni l'acceptation philosophique ; on eût dit que la misère lui avait endurci l'âme au point de lui faire perdre la sensation de la boue. Il traînait ses haillons comme autrefois la pourpre impériale : avec une certaine grâce nonchalante.

— Venez me voir, lui dis-je, je vous trouverai quelque chose.

Un sourire magnifique entrouvrit ses lèvres.

— Vous n'êtes pas le premier qui me promette quelque chose, répliqua-t-il, et peut-être ne serez-vous pas le dernier à ne rien faire pour moi. À quoi bon, du reste ? Je ne demande rien, si ce n'est de l'argent : de l'argent, oui, car il faut bien manger et les restaurants ne font pas crédit. Ni les épicières. Pour un rien, pour deux sous de farine, ces maudites épicières refusent de faire crédit... Un enfer, mon... j'allais dire mon ami... Un enfer du diable ! de tous les diables ! Aujourd'hui encore je n'ai pas déjeuné.

— Non ?

— Non. Je suis sorti de chez moi très tôt. Vous savez où je demeure ? Sur la troisième marche de l'escalier de Saint-François, à gauche en montant. Pas besoin de frapper à la porte. La maison est fraîche, extrêmement fraîche. Je suis donc sorti de bonne heure et je n'ai pas encore mangé...

Je tirai mon portefeuille, je prix un billet de cinq millereis — le moins propre — et le lui donnai. Il le prit avec des yeux brillants de convoitise. Il leva le billet en l'air et l'agita avec enthousiasme.

— *In hoc signo vinces !* cria-t-il.

Puis il l'embrassa, avec des gestes de tendresse et une joie si bruyante et si expansive que j'en éprouvai un dégoût mêlé de pitié. Lui, qui n'était pas sot, s'en rendit compte. Il prit un air sérieux, grotesquement sérieux, et me pria d'excuser sa joie, car c'était la joie d'un pauvre qui, depuis des années, n'avait vu un billet de cinq millereis.

— Il ne dépend que de vous d'en voir beaucoup d'autres, lui dis-je.

— Comment ? fit-il, en un brusque mouvement vers moi.

— En travaillant.

Il eut un geste de dédain, se tut quelques instants, puis me déclara nettement qu'il ne voulait pas travailler. J'étais écœuré d'une abjection aussi comique et aussi triste et je me disposai à partir.

— Ne partez pas sans que je vous aie enseigné ma philosophie de la misère, dit-il en se campant devant moi, les jambes écartées.

60
L'Accolade

Je pensai que le pauvre diable devait être fou et j'allais m'éloigner, quand il me prit le poignet ; il regarda un moment le brillant que j'avais au doigt et je sentis dans sa main des frémissements d'envie, des prurits de possession.

— Magnifique ! dit-il.

Puis il se mit à tourner autour de moi, m'examinant sur toutes les coutures.

— Vous vous mettez bien ! fit-il. Bijoux, vêtements fins, élégants, et... Comparez vos souliers aux miens, quelle différence ! Il n'y a pas à dire ! Je vous assure que vous vous mettez bien... Et les femmes ? Ça va aussi ? Vous êtes marié ?

— Non...

— Moi non plus.

— Je demeure rue...

— Je ne veux pas savoir où vous habitez, interrompit Quincas

Borba. S'il nous arrive encore de nous rencontrer, donnez-moi un autre billet de cinq milreis, mais permettez-moi de ne pas aller vous le demander chez vous. C'est une sorte d'orgueil... Maintenant adieu, je vois que vous êtes pressé.

— Adieu.

— Et merci. Vous me permettez de vous remercier de plus près ?

Et, ce disant, il me serra dans ses bras d'un tel élan que je ne pus l'éviter. Nous nous quittâmes enfin, et je m'en allai à grands pas, la chemise froissée par l'accolade, triste et dégoûté. Ce qui dominait en moi, ce n'était déjà plus le côté « sympathique » de l'impression, mais l'autre. J'aurais voulu lui voir de la dignité dans la misère. Et cependant je ne pouvais m'empêcher de comparer encore l'homme d'aujourd'hui et celui d'autrefois et de considérer tristement l'abîme qui sépare les espérances d'un temps et la réalité d'un autre temps...

— Allons, adieu ! me dis-je, allons dîner.

Je portai ma main à mon gilet et je n'y trouvai pas ma montre. Suprême désillusion ! Quincas Borba avait profité de notre accolade pour me la voler.

61
Un projet

Je dînai tristement. Ce n'était pas la perte de ma montre qui m'affligeait, c'était l'image de l'auteur du vol, les souvenirs d'enfance et, de nouveau, le contraste, l'aboutissement. Dès le potage, commença de s'ouvrir en moi la fleur jaune et morbide du chapitre 25, et je me dépêchai de dîner pour courir chez Virgilia. Virgilia, c'était le présent et je voulais me réfugier en lui pour échapper à l'oppression du passé, car la rencontre de Quincas Borba avait tourné mes regards vers le passé, non le passé réel, tel qu'il avait été, mais un passé déguenillé, abject, un passé qui sentait le mendiant et le filou.

Je sortis de chez moi, mais il était trop tôt, j'allais les trouver encore à table. Je repensai alors à Quincas Borba et le désir me vint de retourner au Jardin Public pour tâcher de le retrouver ; l'idée de le régénérer m'apparut comme une nécessité impérieuse. J'y allai, mais en vain. Je m'informai auprès du garde ; il me répondit que, effectivement, « cet individu » venait là de temps à autre.

— À quelle heure ?

— Il n'a pas d'heure fixe.

Il n'était pas impossible que je le rencontrasse un beau jour et je me promis de revenir. La nécessité de le régénérer, de le ramener au travail et au respect de sa propre personne m'emplissait le cœur. Je commençais à éprouver un bien-être, une exaltation, une admiration de moi-même... Et comme la nuit tombait, j'allai retrouver Virgilia.

62
L'oreiller

J'allai retrouver Virgilia et j'oubliai rapidement Quincas Borba. Virgilia était l'oreiller de mon esprit, un oreiller doux, tiède, parfumé, recouvert d'une taie en toile fine et en dentelles. C'était là que j'avais pris l'habitude de me reposer de toutes les sensations mauvaises, soit douloureuses, soit simplement désagréables. Et, tout bien pesé, il n'y avait pas d'autre raison à l'existence de Virgilia, il ne pouvait y en avoir. Cinq minutes me suffirent pour chasser complètement Quincas Borba de ma pensée ; cinq minutes d'une contemplation mutuelle, les mains étroitement unies ; cinq minutes et un baiser. Et le souvenir de Quincas Borba s'en fut au loin... Rebut de la vie, guenille du passé, que m'importe que tu existes, que tu offusques les yeux des autres, si j'ai un oreiller divin, pas plus grand que mes deux mains, pour fermer les yeux et dormir ?

63
Fuyons !

Hélas ! on ne peut dormir toujours ! Trois semaines plus tard, une après-midi, vers quatre heures, me rendant chez Virgilia, je la trouvai triste et abattue. Elle ne voulut pas d'abord me dire ce qui la tourmentait, mais comme j'insistais de façon pressante :

– Je crois que Damião se méfie de quelque chose. Il me paraît en ce moment un peu étrange... Je ne sais... Sans doute il est toujours parfait envers moi, mais c'est son regard, je crois, qui n'est plus le même. Je dors mal ; cette nuit encore je me suis réveillée épouvantée : je rêvais qu'il allait me tuer. Peut-être est-ce une illusion, mais je crois qu'il se méfie...

Je la tranquillisais de mon mieux. Je lui dis qu'il s'agissait peut-être d'ennuis politiques. Virgilia admit que c'était possible, mais n'en resta pas moins agitée, nerveuse. Nous étions dans le salon qui donnait justement sur le jardin où nous avions échangé notre premier baiser. Entrant par la fenêtre ouverte, le vent secouait faiblement les rideaux et je les fixais du regard sans les voir. J'avais empoigné la lorgnette de l'imagination et j'entrevoyais au loin une maison à nous, une vie à nous, un monde à nous, dans lequel il n'y avait pas de Lobo Névès, ni de mariage, ni de morale, ni aucun autre lien pour empêcher la libre expansion de nos désirs. Cette idée m'enivra. Ainsi éliminés le monde, la morale et le mari, il n'y avait plus pour nous qu'à entrer dans cette demeure angélique.

— Virgilia, dis-je, je te propose une chose.

— Laquelle ?

— Tu m'aimes ?

— Oh ! soupira-t-elle en m'entourant le cou de ses bras.

Virgilia m'aimait passionnément ; cette réponse en était la preuve manifeste. Les bras autour de mon cou, la poitrine haletante, elle restait là, sans parler, à me fixer de ses beaux grands yeux, qui donnaient une étrange impression de lumière humide ; et moi, je restais aussi à les contempler, à m'enivrer de sa bouche, fraîche comme l'aurore, insatiable comme la mort. La beauté de Virgilia avait maintenant un éclat, une majesté, qu'elle ne possédait pas avant son mariage. Elle rappelait ces figures taillées dans le marbre, d'un travail achevé, pur, parfait ; elle avait une beauté tranquille de statue, mais sans apathie ni froideur. Elle donnait au contraire l'impression d'une nature ardente et l'on pouvait dire qu'elle résumait réellement tout l'amour. Elle le résumait surtout en cette occasion où, sans prononcer un mot, elle exprimait tout ce que peut dire un œil humain. Mais le temps pressait ; je délaçai son étreinte, la pris par les poignets, et, les yeux dans les yeux, je lui demandai si elle aurait le courage...

— De quoi ?

— De fuir. Nous irons où cela conviendra le mieux : une maison grande ou petite, à ton gré, à la campagne ou à la ville, en Europe, où tu voudras, en un endroit où personne ne nous gênera, où tu ne courras aucun danger, où nous vivrons l'un pour l'autre... Veux-tu ? Fuyons ! Tôt ou tard, il peut découvrir quelque chose et tu seras perdue... tu entends ?... perdue... morte... et lui aussi, car je le tuerais, je te le jure.

Je m'interrompis. Virgilia avait pâli, elle s'assit sur le canapé, les bras tombants, et resta ainsi quelques instants, sans dire un mot, soit qu'elle hésitât devant la décision à prendre, soit qu'elle fût atterrée par l'idée de la découverte et de la mort. J'allai à elle, j'insistai, je lui montrai tous les avantages d'une vie seule à seul, sans jalousie, sans terreurs, sans angoisses. Virgilia m'écoutait sans répondre. Elle dit enfin :

— Nous n'échapperions peut-être pas ; il me rejoindrait et me tuerait de la même façon.

Je lui démontrai que non. Le monde était suffisamment vaste et j'avais les moyens de vivre en tout lieu où l'on pût trouver de l'air pur et du soleil ; il ne viendrait pas jusqu'à nous ; les grandes passions sont seules capables de grandes actions et il ne l'aimait pas au point de la poursuivre jusqu'au bout du monde. Virgilia eut un geste de surprise et presque d'indignation ; elle murmura que son mari l'aimait beaucoup.

— Peut-être, répondis-je, peut-être bien...

J'allai à la fenêtre et me mis à tambouriner sur le rebord. Virgilia m'appela. Je ne bougeai pas, remâchant ma jalousie, rêvant d'étrangler le mari si je l'avais entre les mains... Juste à ce moment, Lobo Névès apparut dans le jardin. Ne tremble pas ainsi, lectrice, te voilà toute pâle ; calme-toi ; je ne parapherai pas cette page d'une plume trempée dans le sang. Dès qu'il apparut dans le jardin, je le saluai d'un geste amical, accompagné d'une parole aimable. Virgilia quitta précipitamment le salon, où il entra trois minutes après.

— Vous êtes là depuis longtemps ? me dit-il.

— Non.

Il entra grave, sérieux, promenant les yeux autour de lui d'une façon distraite qui lui était habituelle et qui fit place à une véritable effusion de joie, lorsqu'il vit arriver son fils, Nhonhô (le futur licencié du chapitre 6). Il le prit dans ses bras, l'enleva en l'air, l'embrassa mille fois. Comme je n'aimais guère le petit, je m'écartai d'eux ; Virgilia revint.

— Ouf ! respira Lobo Névès en se laissant tomber paresseusement sur le divan.

— Fatigué ? demandai-je.

— Très. J'ai eu à supporter deux corvées de première grandeur, l'une à la Chambre, l'autre dans la rue. Et nous en avons encore une troisième, ajouta-t-il en regardant sa femme.

— Laquelle ?

— Une... devine !

Virgilia s'était assise auprès de lui. Elle lui prit la main, arrangea sa cravate et lui demanda de nouveau ce que c'était.

— Rien moins qu'une loge.

— Pour la Candiani ?

— Pour la Candiani.

Virgilia battit des mains, se leva, embrassa son fils, d'un air de gaieté puérile qui détonnait sur sa figure. Puis elle demanda si la loge était de face ou de côté, consulta à voix basse son mari sur la robe à mettre, sur l'opéra que l'on donnait et sur je ne sais quoi encore.

— Vous dînez avec nous, docteur, me dit Lobo Névès.

— Il est venu pour cela, confirma sa femme. Il dit que c'est chez vous que l'on trouve le meilleur vin de Rio de Janeiro.

— Il n'en boit cependant pas beaucoup.

Au dîner, je fis en sorte de le démentir ; je bus plus que de coutume, mais pourtant moins qu'il ne m'en eût fallu pour perdre la raison. J'étais déjà excité, je le fus un peu plus. C'était la première grande colère que j'avais contre Virgilia. Je ne regardai pas une fois de son côté durant tout le repas. Je parlai de la politique, de la presse, du ministère, je crois que j'aurais parlé théologie, si j'en avais su un seul mot ou si j'y avais pensé. Lobo Névès me suivait avec beaucoup de calme et de dignité et même avec une certaine condescendance. Tout cela m'irritait également et me faisait trouver ce dîner long et ennuyeux. Je pris congé sitôt levé de table.

— À tout à l'heure, n'est-ce pas ? me demanda Lobo Névès.

— Peut-être.

Et je m'en allai.

64
Transaction

J'errai par les rues et rentrai chez moi à neuf heures. Ne pouvant dormir, je me mis à lire et à écrire. Vers onze heures, je fus pris du regret de n'être pas allé au théâtre, je consultai ma montre, je pensai à m'habiller, à sortir. Mais sans doute arriverais-je trop tard ; et ce serait de plus une marque de faiblesse de ma part. Évidemment, pensais-je, Virgilia commençait à se lasser de moi. Cette idée me fit passer par des alternatives de désespoir et de calme, j'étais disposé à l'oublier et à la tuer. Je me la représentais, à demi allongée dans le fauteuil de sa loge, avec ses beaux bras nus — ces bras qui étaient à moi, rien qu'à moi — attirant tous les regards, avec sa robe qui devait être splendide, ses épaules d'une blancheur de lait, ses cheveux coiffés en bandeaux à la mode du temps, ses diamants, moins brillants que ses yeux... Je la voyais ainsi et je souffrais que d'autres pussent la voir. Puis je commençais à la dévêtir par la pensée, à lui enlever soies et bijoux, à la décoiffer de mes mains impatientes et lascives, à la rendre — ou plus belle ou plus naturelle, je ne sais — mais mienne, seulement mienne, uniquement mienne.

Le lendemain, je ne pus y tenir ; je me rendis de bonne heure chez Virgilia. Je la trouvai les yeux rouges de larmes.

— Qu'y a-t-il ? demandai-je.

— Vous ne m'aimez pas, répondit-elle ; vous n'avez jamais eu le moindre amour pour moi. Vous m'avez traitée hier comme si vous me haissiez. Si au moins je savais ce que j'ai bien pu faire. Mais je l'ignore. Ne me direz-vous pas ce qu'il y a eu ?

— Ce qu'il y a eu ? Mais je crois qu'il n'y a rien eu.

— Rien ? Vous m'avez traitée comme on ne traite pas un chien...

À ces mots, je lui pris les mains, les embrassai, et deux larmes jaillirent de ses yeux.

— Allons, c'est fini, c'est fini, lui dis-je.

Je n'eus pas le courage de lui faire des reproches, et, d'ailleurs, des reproches de quoi ? Ce n'était pas sa faute si son mari l'aimait. Je lui dis qu'elle ne m'avait rien fait, que forcément j'étais quelque peu jaloux de son mari, que je ne pouvais pas toujours supporter cette situation le sourire aux lèvres ; j'ajoutai qu'il y avait peut-être en lui une grande force de dissimulation et que le meilleur moyen de fermer la porte aux craintes et aux querelles était d'accepter mon idée de la veille.

— J'y ai pensé, répondit Virgilia. Une petite maison à nous, isolée, cachée au fond d'un jardin, dans quelque rue discrète, c'est une bonne idée. Mais pourquoi fuir ?

Elle dit cela du ton négligent et ingénu de qui ne songe pas à mal et le sourire qui soulevait les coins de sa bouche avait la même expression de candeur. M'écartant d'elle, je répondis :

— C'est vous qui ne m'avez jamais aimé.

— Moi ?

— Oui, vous êtes une égoïste ! Vous aimez mieux me voir souffrir tous les jours... Vous êtes d'un égoïsme sans nom !

Virgilia fondit en larmes. Pour ne pas attirer l'attention, elle mit son mouchoir sur sa bouche, refoulant ses sanglots. Cette explosion me déconcerta. Si quelqu'un l'entendait, tout était perdu. Penché sur elle, je lui tenais les mains, lui murmurant les noms les plus doux de notre intimité ; je lui dis de prendre garde ; la crainte la calma.

— Je ne peux pas, reprit-elle un instant après. Je ne veux pas abandonner mon fils ; et si je l'emmène, je suis certaine qu'*il* me poursuivra jusqu'au bout du monde. Je ne peux pas. Tuez-moi, si vous voulez, ou laissez-moi mourir... Ah ! mon Dieu ! mon Dieu !

— Voyons, calmez-vous, songez qu'on peut vous entendre.

— Eh ! que l'on m'entende ! peu importe !

La voyant à nouveau excitée, je la suppliai de tout oublier, de me pardonner, je lui dis que j'étais un fou, mais que ma folie venait d'elle et finirait avec elle. Virgilia s'essuya les yeux, me tendit la main. Nous nous sourîmes l'un et l'autre. Quelques instants plus tard, nous parlions de nouveau de la petite maison isolée, dans une rue discrète...

65
Surveillants et espions

Nous fûmes interrompus par le bruit d'une voiture dans le jardin. Un esclave vint annoncer la baronne X. Virgilia me consulta du regard.

— Si vous avez mal à la tête, dis-je, il vaudrait mieux ne pas recevoir.

— Est-elle déjà descendue de voiture ? demanda Virgilia à l'esclave.

— Oui. Elle dit qu'elle a absolument besoin de parler à Madame.

— Qu'elle entre !

La baronne entra presque aussitôt. Je ne sais si elle s'attendait à me trouver là, mais il n'était pas possible de manifester une joie plus vive.

— Quel plaisir de vous voir ! s'écria-t-elle. Où vous cachez-vous donc, que l'on ne vous voit nulle part ? J'ai été étonnée, hier, de ne pas vous voir au théâtre. La Candiani a été exquise. Quelle femme ! Vous aimez la Candiani ? C'est évident. Les hommes sont tous les mêmes. Le baron disait hier dans la loge qu'une Italienne vaut cinq Brésiliennes. Quelle insolence ! et une insolence de vieux, ce qui est pire. Mais pourquoi n'êtes-vous pas venu hier au théâtre ?

— Une migraine.

— Hum ! quelle histoire d'amour. Vous ne croyez pas, Virgilia ? Pressez-vous, mon ami, car vous devez atteindre la quarantaine... ou bien près... Quarante, n'est-ce pas ?

— Je ne peux vous le dire exactement, répondis-je. Mais s'il m'est permis de prendre congé, je vais aller consulter mon certificat de baptême.

— Allez, allez... Et, me tendant la main : — À bientôt ? Samedi nous restons à la maison. Le baron pense souvent à vous...

Une fois dans la rue, je regrettai d'être sorti. La baronne était une des personnes qui avaient le plus les yeux sur nous. Cinquante-cinq ans, qui en paraissaient quarante, aimable et gaie, des restes de beauté, de l'élégance et de la distinction. Elle ne parlait pas beaucoup ni souvent ; elle avait l'art d'écouter et d'observer les gens ; elle se penchait alors en arrière sur sa chaise, laissait couler un long regard aigu et ne bougeait plus. Les autres, ne sachant ce qu'il en était, parlaient, gesticulaient, tandis qu'elle se contentait de regarder, l'œil tantôt fixe, tantôt mobile, poussant l'habileté jusqu'à regarder parfois en elle-même, en laissant retomber ses paupières ; mais comme ses cils étaient des persiennes, le regard continuait son office, fouillant l'âme et la vie d'autrui.

La seconde des personnes soupçonneuses était un parent de Virgilia, Viégas, une vieille carcasse de soixante-dix huit hivers, jaune et desséchée, qui souffrait d'un rhumatisme tenace, d'un asthme non moins tenace et d'une lésion au cœur : un véritable hôpital ambulant. Les yeux seuls brillaient de vie et de santé. Virgilia, durant les premières semaines, n'avait aucune crainte de lui ; elle prétendait que, lorsque Viégas semblait nous épier, il était simplement en train de compter son argent. Il était en effet d'une avarice terrible.

Il y avait encore le cousin de Virgilia, Luiz Dutra, que je désarmais maintenant à force de lui parler de vers et de prose et de le présenter à mes amis. Quand ceux-ci, établissant un lien entre le nom et la personne, se montraient heureux de la présentation, il était visible que Luiz Dutra exultait de joie. Pour ma part, je supportais la joie dans l'espoir qu'ainsi il ne nous dénoncerait jamais. Il y avait enfin deux ou trois dames, quelques freluquets, et les domestiques, qui naturellement trouvaient là une revanche de leur condition servile. Et tout cela composait une véritable forêt de surveillants et d'espions, entre lesquels nous devions glisser avec l'habileté et la souplesse des serpents.

66
Les jambes

Or, tandis que je pensais à tout ce monde, mes jambes allaient, me conduisant le long des rues en pente, si bien que, sans m'en douter, je me trouvai à la porte de l'hôtel Pharoux. C'était là que je dînais habituellement, mais n'y étant pas venu délibérément, le mérite de cette action, loin de me revenir, revenait à mes jambes qui l'avaient accomplie. Ô jambes bénies ! Penser qu'il y a des gens pour vous traiter avec dédain ou indifférence ! Moi-même, jusqu'alors, je ne vous avais pas en haute estime, je m'irritais quand vous étiez fatiguées, quand vous ne pouviez aller au-delà d'un certain point et que vous me laissiez avec le désir de prendre mon essor, comme une poule attachée par les pattes.

Mais cet incident fut pour moi un rayon de lumière. Oui, braves jambes, vous aviez laissé à ma tête le soin de penser à Virgilia et vous vous étiez dit l'une à l'autre : « Il a besoin de manger, c'est l'heure du dîner, conduisons-le à l'hôtel Pharoux ; partageons-nous sa conscience, qu'une partie reste avec la dame de ses pensées, et chargeons-nous de l'autre, afin qu'il marche droit, qu'il ne se cogne ni aux passants ni aux voitures, qu'il salue les gens de sa connaissance, et qu'il arrive finalement sain et sauf à l'hôtel. » Et vous avez accompli ponctuellement votre dessein, aimables jambes, ce qui m'oblige à vous immortaliser dans cette page.

67
La petite maison

Après dîner, je rentrai chez moi. J'y trouvai une boîte de cigares, que m'envoyait Lobo Névès, enveloppée d'un papier de soie et ornée de faveurs roses. Je compris, ouvris et tirai ce billet :

« *Mon B...*

« *On nous soupçonne. Tout est perdu. Oubliez-moi pour toujours. Nous ne nous verrons plus. Adieu. Oubliez la malheureuse.*

« *V......a* ».

Cette lettre me donna un coup. Néanmoins, dès la nuit close, je courus chez Virgilia. Il était temps, elle regrettait sa précipitation. Dans l'embrasure d'une fenêtre, elle me conta ce qui s'était passé avec la baronne. La baronne lui avait dit franchement que l'on avait beaucoup parlé, la nuit précédente, en ne me voyant pas dans la loge de Lobo Névès ; on s'était livré à des commentaires sur mes relations avec le ménage ; bref nous étions l'objet de la suspicion publique. Elle conclut en disant qu'elle ne savait que faire.

— Le mieux est de fuir, insinuai-je.

— Jamais, répondit-elle en secouant la tête.

Je compris qu'il était impossible de séparer deux choses, qui étaient étroitement unies dans son esprit : notre amour et la considération publique. Virgilia était capable de sacrifices également grands pour conserver l'un et l'autre de ces avantages et la fuite ne lui en laissait qu'un seul. Peut-être éprouvai-je quelque chose d'analogue à du dépit ; mais les émotions de ces deux journées avaient déjà été si nombreuses que le dépit s'éteignit rapidement. Allons ! occupons-nous de la petite maison.

Je la découvris effectivement quelques jours plus tard, faite à souhait, dans un recoin dans la Gambôa. Un bijou ! Neuve, blanchie de frais, quatre fenêtres de façade et deux de chaque côté — toutes avec persiennes couleur brique — plantes grimpantes aux angles, jardin sur le devant ; mystère et solitude. Un bijou !

Nous convînmes de la faire habiter par une femme, que Virgilia connaissait pour l'avoir eue chez elle comme couturière et dame de compagnie. Virgilia exerçait sur elle une véritable fascination. On ne lui dirait pas tout ; elle accepterait facilement le reste.

Pour moi, c'était là une nouvelle phase de notre amour, l'illusion d'une possession exclusive, d'une domination absolue, quelque chose qui endormirait ma conscience et sauvegarderait les apparences. Je commençais à être fatigué des chaises et des rideaux de l'*autre*, des tapis, du canapé, de toutes ces choses qui me remettaient sans cesse sous les yeux notre duplicité. Maintenant il me serait possible d'éviter les dîners trop fréquents, le thé de tous les soirs, enfin la présence de leur fils, mon complice et mon ennemi. La maison me délivrerait de tout. Le monde vulgaire finirait à notre porte ; à l'intérêt, ce serait l'infini, un monde éternel, supérieur, exceptionnel, un monde nôtre, uniquement nôtre, sans lois, sans institutions, sans baronnes, sans surveillants, sans espions – un seul monde, un seul couple, une seule vie, une seule volonté, un seul amour – l'unité morale de toutes choses par l'exclusion de toutes celles qui m'étaient contraires.

68
Le fouet

Tel était le cours de mes réflexions, tandis que je descendais le Valongo, après avoir visité et arrêté la maison. Elles furent interrompues par la vue d'un rassemblement ; c'était un noir qui en fouettait un autre sur la place. Celui-ci ne tentait pas de fuir ; il se bornait à gémir : « Non ! pardon, mon maître ! mon maître, pardon ! » Mais l'autre s'en souciait peu et à chaque supplication répondait par un nouveau coup de fouet.

– Tiens, canaille ! disait-il, voilà ton pardon, ivrogne !

– Mon maître ! gémissait l'autre.

– Ferme ta gueule, animal ! répliquait le fouet. Je m'arrêtai, je regardai... Juste ciel ! Quel était l'homme au fouet ? Nul autre que mon petit nègre Prudencio – celui que mon père avait libéré quelques années plus tôt. Je m'approchai ; il s'interrompit aussitôt et s'avança pour avoir ma bénédiction. Je lui demandai si ce noir était son esclave.

— Oui, monsieur.

— Qu'est-ce qu'il t'a fait ?

— C'est un grand paresseux, un grand ivrogne. Aujourd'hui encore je l'ai laissé au magasin pendant que je descendais en ville et il a abandonné le magasin pour aller boire au cabaret.

— C'est bon, fis-je, pardonne-lui.

— Certainement, monsieur. Monsieur n'a pas à demander, il commande. Rentre à la maison, ivrogne !

Je sortis du groupe, qui me considérait avec étonnement, chacun chuchotant ses suppositions. Je continuai mon chemin, tout en défilant une série infinie de réflexions, que je regrette d'avoir complètement oubliées ; c'eût été matière à un bon chapitre, peut-être assez amusant. J'aime les chapitres amusants, c'est mon faible. Vu du dehors, cet épisode du Valongo était d'une vulgarité pénible ; mais du dehors seulement. Dès que j'y eus introduit le couteau du raisonnement, la moelle m'apparut fine, comique et même profonde. C'était pour Prudencio une façon de se libérer des coups qu'il avait reçus — en les transmettant à un autre. Enfant, je montais sur son dos, je lui passais un mors dans la bouche et le rossais sans pitié ; il gémissait et se résignait. Maintenant qu'il était libre, qu'il disposait de lui-même, de ses bras, de ses jambes, qu'il pouvait travailler, flâner, dormir, libéré de son ancienne condition, maintenant il prenait sa revanche : il avait acheté un esclave et lui rendait, avec les intérêts, ce qu'il avait reçu de moi. Voyez l'astuce de ce maraud !

69
Un grain de folie

Cet incident me rappelle un fou que j'ai connu. Il s'appelait Romualdo et prétendait être Tamerlan. C'était sa grande et unique manie et il avait une façon curieuse de l'expliquer.

– Je suis l'illustre Tamerlan, disait-il. Autrefois j'ai été Romualdo, mais je suis tombé malade et l'on m'a fait prendre tant de *tartre*[1], tant de *tartre*, tant de *tartre* que je suis devenu Tartare et même roi des Tartares. Le *tartre* a la vertu de faire des Tartares.

Pauvre Romualdo ! Les gens riaient de la réponse, mais sans doute le lecteur n'en rira-t-il pas, et il aura raison. Moi-même je ne lui trouve aucun sel. Entendue de sa bouche, elle avait quelque chose d'amusant ; mais ainsi contée, sur le papier, à propos d'un coup de fouet reçu et rendu... non, j'avoue qu'il vaut mieux laisser de côté les Romualdos et les Prudencios et revenir à notre petite maison de la Gambôa.

1. Jeu de mots sur *tartaro* qui signifie à la fois *tartre* et *tartare*.

70
Dona Placida

Revenons à notre petite maison. Tu ne pourras y entrer aujourd'hui, lecteur curieux ; elle a vieilli, noirci, pourri, et le propriétaire l'a jetée bas pour la remplacer par une autre, trois fois plus grande, mais en réalité, je te jure, bien plus petite que la première. Le monde était trop étroit pour Alexandre ; mais une mansarde sous un toit est l'infini pour les hirondelles.

Et voyez avec quelle indifférence ce globe terrestre nous emmène, à travers les espaces comme une barque de naufragés qui va à la côte : un couple vertueux dort aujourd'hui sur le même emplacement qui supporta un couple de pécheurs. Demain dormira là un prêtre, puis un assassin, un forgeron, un poète, et tous béniront ce coin de terre, qui leur aura donné quelques illusions.

Virgilia fit de celui-ci une petite merveille. Elle choisit les meubles les plus appropriés, les disposa avec cette divination esthétique de la femme élégante ; j'y apportai quelques livres, et tout resta sous la garde de Dona Placida, maîtresse supposée et, à certains égards, véritable maîtresse de la maison.

Il lui en coûta beaucoup d'accepter la place ; elle avait deviné l'intention, et le rôle lui déplaisait ; mais elle finit par céder. Je crois bien qu'au début elle versa des larmes : elle était dégoûté d'elle-même. En tout cas, il est certain qu'elle ne leva pas un regard sur moi durant les deux premiers mois. Elle me parlait les yeux baissés, le visage sérieux, renfrogné, souvent triste. Je voulais l'amadouer et, sans me tenir pour offensé, je la traitais avec égards et respect. Je m'évertuais à conquérir sa bienveillance, puis sa confiance. La confiance obtenue, j'imaginai une histoire pathétique de mes amours avec Virgilia, remontant bien avant son mariage, la résistance du père, la dureté du mari et je ne sais quelles autres inventions romanesques. Dona Placida ne rejeta pas une seule page du roman ; elle les accepta toutes. C'était une nécessité pour sa conscience. Au bout de six mois, qui nous eût vus tous les trois ensemble, eût juré que Dona Placida était ma belle-mère.

Je ne fus pas ingrat ; je lui constituai un pécule de cinq contos — les cinq contos trouvés à Botafogo — le pain assuré pour ses vieux jours. Dona Placida me remercia les larmes aux yeux et ne cessa plus de prier pour moi tous les soirs, devant une image de la Vierge qu'elle avait dans sa chambre. Ainsi passa son dégoût d'elle-même.

71
Le défaut du livre

Je commence à regretter d'avoir entrepris ce livre. Non qu'il me fatigue : je n'ai rien à faire ; et, réellement, expédier quelques maigres chapitres à destination de ce bas monde est toujours une tâche qui distrait un peu de l'éternité. Mais le livre est ennuyeux, il sent le tombeau, il garde quelque chose de la rigidité cadavérique : défaut grave et d'ailleurs sans importance, car le principal défaut de ce livre, c'est toi, lecteur. Tu es pressé de vieillir et le livre progresse lentement : tu aimes la narration directe et nourrie, le style régulier et coulant, tandis que ce livre et mon style sont comme les ivrognes qui tirent à droite, tirent à gauche, avancent, s'arrêtent, grognent, crient, éclatent de rire, menacent le ciel, trébuchent et tombent...

Et tombent ! Pauvres feuilles de mon cyprès, vous tomberez, comme toutes les autres feuilles belles et brillantes ; et si j'avais encore des yeux, je vous donnerais une larme de regrets. Mais c'est là le grand avantage de la mort, qui, si elle ne vous laisse pas de bouche pour rire, ne vous laisse pas non plus d'yeux pour pleurer... Vous tomberez...

72
Le bibliomane

Peut-être supprimerai-je le chapitre précédent ; entre autres motifs, il y a là, dans les dernières lignes, une phrase qui ressemble beaucoup à une absurdité et je ne veux pas donner pâture à la critique de l'avenir.

Voyez la scène. Dans quelque soixante-dix ans, un individu maigre, jaune, grisonnant, qui n'aime rien au monde en dehors des livres, se penche sur la page précédente pour chercher à découvrir cette phrase absurde ; il lit une fois, deux fois, trois fois, disloque les mots, sort une syllabe, puis une autre, une autre encore et toutes les autres, les examine au-dedans et audehors, sur toutes les faces, à contre-jour, les secoue, les frotte sur son genou, les nettoie... et rien ; il ne peut découvrir où gît l'absurdité.

C'est un bibliomane. Il ne connaît pas l'auteur ; ce nom de Bras Cubas ne se trouve pas dans ses dictionnaires biographiques. Il a trouvé le volume, par hasard, dans l'antre d'un bouquiniste. Il l'a eu pour deux cents reis. Il s'est renseigné, il a fait des fouilles, des recherches, et a fini par découvrir que c'était un exemplaire unique... Unique ! Vous qui aimez les livres jusqu'à la manie, vous connaissez toute la valeur de ce mot et vous devinez, par suite, la joie de mon bibliomane. Il refuserait la couronne des Indes, le trône pontifical, tous les musées d'Italie et de Hollande, s'ils lui étaient offerts en échange de cet unique exemplaire ; non parce que ce sont mes *Mémoires* : il agirait de même avec l'*Almanach* de Laemmert, à condition qu'il fût unique.

L'ennuyeux, c'est ce passage absurde. Et notre homme continue à se pencher sur la page, une loupe à l'œil droit, tout entier à la noble et pénible tâche de trouver cette énigme. Il s'est déjà promis d'écrire sur ce sujet une courte étude, dans laquelle il relatera la découverte du livre et celle du sens sublime qu'il aura peut-être décelé sous cette phrase obscure. Finalement il ne découvre rien et se contente de posséder le livre. Il le ferme, le regarde, le re-regarde, s'approche de la fenêtre, l'expose au soleil. Un exemplaire unique ! Juste à ce moment, vient à passer sous la fenêtre un César ou un Cromwell, sur le chemin du pouvoir ; notre homme hausse les épaules, ferme la fenêtre, s'étend sur son hamac et feuillette le livre lentement, avec amour, le déguste à petites gorgées... Un exemplaire unique !

73
Le lunch

Le manque d'à propos m'a encore fait perdre un chapitre. N'aurait-il pas mieux valu dire les choses tout uniment, sans tous ces heurts ? J'ai déjà comparé mon style à la démarche des ivrognes. Si cette idée vous paraît malséante, je dirai qu'il rappelle ce qu'étaient nos dînettes, avec Virgilia, dans la petite maison de Gambôa, où nous faisions parfois la fête en lunchant. Vins, fruits, compotes. C'était un repas, évidemment, mais un repas coupé de petits mots gentils, de regards tendres, d'enfantillages, d'une infinité de ces apartés du cœur, qui sont le véritable, le continuel discours de l'amour. Parfois quelque fâcherie venait tempérer l'excès de douceur de la situation. Virgilia s'écartait de moi, se réfugiait sur un coin du canapé ou s'en allait écouter les minauderies de Dona Placida. Cinq ou dix minutes après nous reprenions l'entretien, comme je reprends ce récit, pour le dénouer de nouveau. Notez que, loin de mépriser les habitudes méthodiques, nous avions coutume d'inviter la méthode à s'asseoir à table avec nous, en la personne de Dona Placida ; mais Dona Placida n'acceptait jamais.

— Je crois que vous ne m'aimez plus, lui dit un jour Virgilia.

— Sainte Vierge ! s'écria la brave femme en levant les mains au ciel. Je n'aime plus Yaya ! Mais alors qui aimerais-je au monde ?

Et, lui prenant les mains, elle la regarda fixement, fixement, si fixement que son regard se mouilla de larmes. Virgilia lui fit mille caresses ; et moi, je glissai dans sa poche une petite pièce d'argent.

74
Histoire de Dona Placida

Ne vous repentez jamais d'avoir été généreux. La pièce d'argent me valut une confidence de Dona Placida et, comme conséquence, ce chapitre. Quelques jours plus tard, en effet, me trouvant seul à la maison, nous liâmes conversation et elle me conta brièvement son histoire... Elle était la fille naturelle d'un sacristain de la Cathédrale et d'une femme qui faisait de la pâtisserie à domicile. Son père mourut lorsqu'elle avait dix ans. Elle s'occupait déjà à râper de la noix de coco et à faire je ne sais quels autres travaux de pâtisserie en rapport avec son âge. À quinze ou seize ans, elle épousa un tailleur qui, peu après, mourut de phtisie, lui laissant une fille. Veuve et enfant restèrent à sa charge, sa fille âgée de deux ans, sa mère épuisée par le travail. Elle eut ainsi trois personnes à faire vivre. Outre la pâtisserie, qui était son métier normal, elle faisait également de la couture, jour et nuit, sans répit, pour trois ou quatre magasins, et donnait des leçons à quelques enfants du quartier, à dix sous par mois. Ainsi passèrent les années, sinon sa beauté, car elle n'avait jamais été belle. Elle eut quelques occasions de liaison, propositions, tentatives, auxquelles elle résista.

— Si j'avais pu trouver un autre mari, me dit-elle, je crois que je me serais remariée. Mais personne ne voulait m'épouser.

Un des prétendants parvint à se faire accepter. Mais comme il n'était pas plus délicat que les autres, Dona Placida l'éconduisit également, quitte à pleurer abondamment après l'avoir renvoyé. Elle continuait à coudre et à écumer les bassines. Sa mère se montrait d'une humeur acariâtre, due à son tempérament, à l'âge et aux privations ; elle tourmentait sa fille, pour qu'elle prît un de ces maris de passage et d'occasion qui la lui demandaient.

— Tu penses être plus que moi ? criait-elle. Je me demande d'où te viennent ces prétentions de femme riche ! Ma chère, on ne bâtit par sa vie sur le hasard. Ce n'est pas le vent qui vous nourrit... Que diable ! De braves garçons comme le Polycarpo du café, le malheureux... Tu attends de trouver un gentilhomme, n'est-ce pas ?

Dona Placida me jura qu'elle n'attendait nul gentilhomme. C'était dans sa nature. Elle voulait être mariée. Elle savait bien que sa mère ne l'avait pas été et elle connaissait quelques femmes qui ne tenaient leur conjoint que d'elles-mêmes ; mais c'était dans sa nature, elle voulait être mariée. Et elle ne voulait pas qu'il en fût autrement de sa fille. Elle travaillait sans arrêt, brûlant ses doigts au fourneau, ses yeux à la chandelle, afin de manger et de ne pas succomber. Elle maigrit, tomba malade, perdit sa mère, la fit enterrer par souscription et continua de travailler. Sa fille avait alors quatorze ans ; mais elle était très délicate et ne faisait rien, sinon de se faire courtiser par les vauriens qui passaient et repassaient sous sa fenêtre. Dona Placida vivait dans les transes et l'emmenait toujours avec elle, quand elle avait à livrer ses travaux de couture. Le personnel des magasins clignait ou écarquillait les yeux, convaincu qu'elle amenait là sa fille pour pêcher un mari ou autre chose. On leur faisait des compliments, des plaisanteries ; on allait jusqu'à faire des offres d'argent à la mère...

Elle s'interrompit un instant, puis reprit :

— Ma fille m'a quittée. Elle est partie avec un individu... Je ne veux pas savoir... Elle m'a laissée seule et si triste, si triste que j'ai pensé mourir. Je n'avais plus personne au monde, j'étais presque vieille déjà et malade. C'est vers cette époque que j'ai fait la connaissance de la famille de Yaya : de bonnes personnes, qui me donnèrent du travail et même un logement. J'y suis restée plusieurs mois, un an, plus d'un an, comme dame de compagnie et couturière. Je suis partie lorsque Yaya s'est mariée. Depuis j'ai vécu comme il a plu à Dieu. Voyez mes doigts, voyez mes mains. — Et elle me montra ses mains déformées et crevassées, les bouts des doigts piqués de coups d'aiguille. — Tout cela ne vient pas par hasard, Monsieur ; Dieu sait bien comment... Heureusement Yaya m'a protégée, Monsieur aussi... J'avais peur de finir dans la rue, comme une mendiante...

Dona Placida frissonnait en prononçant ces derniers mots. Puis, comme revenant à elle, elle parut se rendre compte de ce qu'avaient de déplacé ces confidences faites à l'amant d'une femme mariée ; elle se mit à rire, chercha à se rétracter, se traitant de folle, « pleine de prétentions » comme disait sa mère ; enfin, gênée par mon silence, elle se retira. Je restai à considérer le bout de ma bottine.

75
En moi-même

Au cas où l'un de mes lecteurs aurait sauté le chapitre précédent, je l'avertis qu'il est nécessaire de le lire, s'il veut comprendre ce que je me dis en moi-même, dès que Dona Placida fut sortie du salon.

Voici ce que je me dis :

— Ainsi donc le sacristain de la Cathédrale, un jour, en servant la messe, voit entrer la dame qui devait collaborer avec lui à l'existence de Dona Placida. Il la revoit les jours suivants, pendant des semaines entières, la trouve à son goût, lui glisse quelques galanteries, lui marche sur le pied en allumant les autels les jours de fête. Elle aussi le trouve à son goût, ils se rencontrent, ils s'aiment. De cette conjonction de luxures sans emploi naquit Dona Placida. Il est à croire que, au moment de sa naissance, Dona Placida ne parlait pas encore, mais, si elle avait parlé, elle aurait pu dire aux auteurs de ses jours : « Me voici. Pourquoi m'avez-vous appelée au monde ? » Et le sacristain et la sacristine auraient pu lui répondre : « Nous t'avons appelée, pour que tu te brûles les doigts aux chaudrons et les yeux à la couture, pour que tu manges mal ou pas du tout, pour que tu sois ballottée deci de-là, de la maladie à la santé, toujours à l'ouvrage, avec la perspective de passer encore de la maladie à la santé, hier triste, aujourd'hui désespérée, demain résignée, mais toujours les mains au chaudron et les yeux à la couture, jusqu'à finir un jour dans la boue ou à l'hôpital. C'est pour cela que nous t'avons appelée au monde, en un moment de sympathie. »

76
L'engrais

J'eus soudain à subir un brusque assaut de ma conscience, elle m'accusait d'avoir fait capituler la probité de Dona Placida, en l'obligeant à jouer un rôle louche, après une longue vie de travail et de privations. Dona Placida n'était pas plus entremetteuse que concubine et je l'avais rabaissée à ce métier, à force d'argent et d'attentions. C'est ce que me dit ma conscience et je restai bien une dizaine de minutes sans savoir quoi lui répondre. Elle ajouta que j'avais abusé de la fascination exercée par Virgilia sur son ex-couturière, de la gratitude de celle-ci et de sa pauvreté. Elle me rappela la résistance de Dona Placida, ses alarmes des premiers jours, sa figure fermée, ses silences, ses yeux baissés et mon habileté à supporter tout cela, jusqu'à en triompher. Et je sentis à nouveau qu'elle me repoussait, d'un geste nerveux et irrité.

Je convins qu'il en était ainsi, mais je fis valoir que la vieillesse de Dona Placida était désormais à l'abri de la mendicité : c'était une compensation. Si mes amours ne s'en étaient mêlés, Dona Placida eût probablement fini comme tant d'autres créatures humaines. D'où l'on pourrait conclure que souvent le vice sert d'engrais à la vertu, ce qui n'empêche pas la vertu d'être une fleur saine et odorante. Ma conscience se rendit à mon raisonnement — et j'allai ouvrir la porte à Virgilia.

77
Entrevue

Virgilia entra joyeuse et sans souci. Le temps avait emporté avec lui les inquiétudes et les craintes. Quel charme c'était, durant les premiers jours, de la voir arriver honteuse et tremblante ! Elle venait en cabriolet, le visage voilé, enveloppée dans une espèce de manteau qui dissimulait la sveltesse de sa taille. La première fois, elle se laissa tomber sur le canapé, rouge, haletante, les yeux baissés. Ma parole ! Jamais, en aucune autre occasion, je ne la trouvai aussi belle, peut-être parce que jamais je ne me sentis plus flatté.

Mais maintenant, comme je le disais, craintes et inquiétudes étaient passées. Nos rendez-vous entraient dans la période chronométrique. Notre amour était aussi fort ; la différence était que la flamme n'avait plus la folle envolée des premiers jours pour devenir un simple faisceau de rayons, tranquille et constant, matrimonial.

— Je suis très fâchée contre vous, dit-elle, en s'asseyant.

— Pourquoi ?

— Parce que vous n'êtes pas venu hier comme vous me l'aviez dit. Damião a demandé à plusieurs reprises si vous ne viendriez pas au moins prendre le thé. Pourquoi n'êtes-vous pas venu ?

En effet, j'avais manqué à ma promesse et la faute en était entièrement à Virgilia. Question de jalousie. Cette femme splendide savait qu'elle l'était et elle aimait à l'entendre dire, à voix haute ou basse. L'avant-veille, chez la baronne, elle avait valsé deux fois avec un même gandin, après avoir écouté, au coin d'une fenêtre, ses propos galants. Elle était si gaie ! si en train ! si contente d'elle ! Quand elle aperçut, entre mes sourcils, un pli interrogateur et menaçant, elle ne marqua aucune surprise, ne prit pas subitement un air plus sérieux, mais elle laissa tomber le gandin et ses fadaises ; puis elle vint à moi, me prit le bras et me conduisit dans l'autre salon, où il y avait moins de monde. Là, elle se plaignait de fatigue et me dit mainte autre chose de cet air puéril qu'elle avait l'habitude de prendre en certaines circonstances. Je l'écoutai sans presque rien répondre.

Maintenant encore, il m'en coûtait de répondre quoi que ce fût, mais enfin je lui expliquai le motif de mon absence... Non, jamais, ô étoiles éternelles, jamais je ne vis des yeux plus stupéfaits. La bouche entr'ouverte, les sourcils en arc, une stupéfaction visible, tangible, indéniable, telle fut la première réponse de Virgilia ; elle secoua la tête avec un sourire de pitié et de tendresse qui me confondit.

Elle alla quitter son chapeau, gaie, joyeuse, comme une petite fille qui rentre de l'école. Puis elle revint vers moi, toujours assis, et me donna de petites tapes du doigt sur la tête, en répétant : « Oh ! là ! là ! » et je n'eus rien de mieux à faire que de rire aussi — et tout finit par des éclats de rire. Il était clair que je m'étais trompé.

78
La présidence

Quelques mois plus tard, Lobo Névès rentra un jour chez lui, en annonçant qu'on allait peut-être lui confier une présidence de province. Je regardai Virgilia, qui pâlit. Lui, la voyant pâlir, demanda :

— Cela n'a pas l'air de te plaire, Virgilia ?

Virgilia secoua la tête.

— Cela ne me plaît pas beaucoup, répondit-elle.

Plus rien d'autre ne fut dit. Mais le soir Lobo Névès revint sur le projet, avec une insistance un peu plus marquée que l'après-midi. Deux jours après, il déclara à sa femme que c'était chose décidée. Virgilia ne put dissimuler sa répugnance. Le mari répondit à ses objections en alléguant les nécessités politiques.

— Je ne peux refuser ce que l'on me demande. C'est même notre intérêt, pour notre avenir, pour ton blason, ma chérie, car je t'ai promis que tu serais marquise et tu n'es pas encore baronne. Tu diras que je suis ambitieux ? Je le suis en effet, mais il ne faut pas que tu mettes un poids sur les ailes de mon ambition.

Virgilia était complètement déconcertée. Le jour suivant, je la trouvai qui m'attendait toute triste, dans notre maison de la Gambôa. Elle avait tout raconté à Dona Placida, qui cherchait à la consoler de son mieux. Je n'étais pas moins abattu.

— Vous viendrez avec nous, me dit Virgilia.

— Vous êtes folle ? Ce serait une imprudence...

— Mais alors ?...

— Alors il faut empêcher ce projet d'aboutir.

— C'est impossible.

— Il a déjà accepté ?

— Je crois que oui.

Je me levai, je lançai mon chapeau sur une chaise et me mis à marcher de long en large, ne sachant que faire. Je restai à réfléchir longuement, sans trouver de solution. Enfin je m'arrêtai devant Virgilia, qui était assise, et lui pris la main. Dona Placida se rapprocha de la fenêtre.

— Dans cette petite main se trouve toute ma vie, dis-je. Vous en êtes responsable ; faites ce que vous croirez le mieux.

Virgilia eut un geste désolé. J'allai m'adosser à la console en face d'elle. Quelques instants s'écoulèrent en silence ; nous n'entendions que l'aboiement d'un chien et, je crois, le bruit de l'eau qui venait mourir sur la plage. Voyant qu'elle ne parlait pas, je la regardai. Virgilia avait les yeux à terre, fixes, sans regard, les mains sur les genoux, les doigts croisés, dans l'attitude du suprême désespoir. En toute autre occasion et pour un motif différent, il est certain que je me serais jeté à ses pieds et que j'aurais employé toute ma raison et toute ma tendresse à la réconforter ; mais en ce moment, il fallait la contraindre à l'effort personnel, au sacrifice, à la décision dont dépendait notre vie commune ; le mieux, par suite, était de la laisser désemparée et de sortir. C'est ce que je fis.

— Je te répète que mon bonheur est entre tes mains, dis-je.

Virgilia voulut me retenir, mais j'avais déjà passé la porte. J'entendis un bruit de larmes qui jaillissaient et je vous avoue que je fus sur le point de retourner, pour les essuyer d'un baiser ; mais je me retins et sortis.

79
Compromis

Je n'en finirais pas s'il me fallait conter par le menu ce que je souffris durant les premières heures. J'oscillais entre un vouloir et un non vouloir, entre la pitié qui me poussait vers la maison de Virgilia et un autre sentiment — appelons-le égoïsme — qui me soufflait : « Reste ; laisse-la seule en présence de ce problème, laisse-le lui résoudre dans le sens de l'amour. » Ces deux forces étaient, je crois, d'égale intensité, elles attaquaient et résistaient en même temps, avec ardeur, avec ténacité, et aucune ne cédait de façon définitive. Parfois je sentais la dent légère d'un remords ; il me semblait que j'abusais de la faiblesse d'une femme aimante et coupable, sans rien sacrifier ni risquer de moi-même ; et quand j'étais sur le point de capituler, de nouveau survenait l'amour, qui me répétait son conseil égoïste, et je restais irrésolu et inquiet, désireux de la voir et craignant, si je la voyais, d'être amené à partager la responsabilité de la solution.

Finalement intervint un compromis entre l'égoïsme et la pitié ; j'irais la voir chez elle et seulement chez elle, en présence du mari, afin d'être dans l'impossibilité de rien lui dire, attendant le résultat de mon intimation. Je pourrais ainsi concilier les deux forces. Mais en écrivant cela, aujourd'hui, il m'apparaît bien que le compromis était une blague, que cette pitié était encore une forme d'égoïsme et que la résolution d'aller consoler Virgilia n'était rien autre qu'une suggestion de ma propre souffrance.

80
Secrétaire

Le lendemain soir, effectivement, j'allai chez Lobo Névès ; ils étaient là tous les deux, Virgilia très triste, lui très gai. Je puis jurer qu'elle éprouva un certain apaisement, quand nos yeux se rencontrèrent, pleins d'interrogation et de tendresse. Lobo Névès m'exposa les plans qu'il avait en vue pour la présidence, les difficultés locales, les espérances, les résolutions. Il était si content ! plein d'espoir ! Virgilia, près de la table, feignait de lire un livre, mais par-dessus la page elle me regardait de temps à autre, interrogative et anxieuse.

— L'ennui, me dit soudain Lobo Névès, c'est que je n'ai pas encore trouvé de secrétaire.

– Non ?

– Non, et j'ai une idée.

– Ah !

– Une idée... Vous n'auriez pas envie de faire une promenade dans le Nord ?

Je ne sais ce que je répondis.

– Vous êtes riche, continua-t-il, vous n'avez nul besoin d'un maigre salaire, mais si vous vouliez me rendre service, vous viendriez avec moi comme secrétaire.

Mon esprit fit un bond en arrière, comme s'il venait d'apercevoir un serpent devant lui. Je dévisageai Lobo Névès, fixement, impérieusement, pour voir s'il n'y avait pas en lui quelque pensée cachée... Pas l'ombre ! Le regard était droit et franc, la placidité du visage naturelle, nullement forcée, une placidité saupoudrée d'allégresse. Je respirai et n'eus pas le courage de regarder Virgilia ; je sentais par-dessus la page son regard qui me demandait lui aussi la même chose et je répondis que oui, que j'irais. Vraiment, un président, une présidente, un secrétaire, c'était résoudre le problème d'une façon administrative.

81
La réconciliation

Cependant, en sortant de là, je sentis passer quelques ombres de doute. Je me demandai si je n'allais pas exposer follement la réputation de Virgilia, s'il n'y aurait pas une autre combinaison raisonnable entre la Province et la Gambôa. Je ne trouvai rien. Le lendemain, à mon lever, mon esprit était déjà accoutumé à l'idée et décidé à accepter la nomination. À midi, le domestique vint me dire qu'il y avait au salon une dame voilée. J'y courus ; c'était ma sœur Sabina.

— Cela ne peut continuer ainsi, dit-elle, il faut que nous fassions la paix une fois pour toutes. Notre famille est en train de s'éteindre, nous ne pouvons pas rester comme deux ennemis.

— Mais je ne demande pas autre chose, sœurette, criai-je en lui tendant les bras.

Je la fis asseoir près de moi, lui parlai de son mari, de sa fille, des affaires, de tout... Tout allait bien, sa fille était belle comme l'amour. Son mari me l'amènerait, si j'y consentais.

— Comment ! mais j'irai la voir moi-même.

— Vraiment ?

— Ma parole.

— Tant mieux ! respira Sabina, il est temps que cela finisse.

Je la trouvai engraissée et peut-être rajeunie. Elle avait plus de trente ans et n'en paraissait guère que vingt. Gentille, affable, nulle gêne, aucun ressentiment. Nous nous regardions l'un l'autre, les mains jointes, parlant de tout et de rien, comme deux amoureux. C'était mon enfance qui surgissait, fraîche, espiègle et blonde ; les années tombaient une à une, comme les files de cartes avec lesquelles je jouais quand j'étais petit, et je revoyais notre maison, notre famille, nos fêtes. Supporter ce rappel du passé me demanda quelque effort ; mais un barbier du voisinage se mit à racler le classique rebec et cette voix — car jusqu'alors le souvenir avait été muet — cette voix du passé, nasillarde et nostalgique, m'émut à tel point que...

Les yeux de Sabina, eux, restaient secs ; elle n'avait pas hérité, comme moi, de la fleur jaune et morbide. Qu'importe ? C'était ma sœur, mon sang, c'était comme un morceau de ma mère et je le lui dis avec tendresse, avec sincérité... Soudain, j'entendis frapper à la porte ; j'allai ouvrir ; c'était un petit ange de cinq ans.

— Entre, Sara, dit Sabina.

C'était ma nièce. Je l'enlevai de terre, l'embrassai mille fois ;

la petite, effrayée, poussait mon épaule de sa petite main, courbant son corps en arrière pour descendre... Sur ce, j'aperçus à la porte un chapeau, puis un homme, Cotrim, nul autre que Cotrim. J'étais si ému que je lâchai la petite et tombai dans les bras du père. Cette effusion le déconcerta peut-être un peu ; il est certain qu'il parut gêné. Simple entrée en matière. Peu après, nous causions, comme de bons vieux amis. Aucune allusion au passé, beaucoup de projets d'avenir, promesse de dîner l'un chez l'autre. Je ne manquai pas de glisser que cet échange de dîners pourrait peut-être souffrir une courte interruption, parce que j'avais quelque vague idée d'un voyage dans le Nord. Sabina regarda Cotrim, Cotrim regarda Sabina ; tous deux furent d'accord que cette idée n'avait pas le sens commun. Que diable pensais-je trouver dans le Nord ? N'était-ce pas dans la capitale, en pleine capitale, que je devais continuer à briller, à éclipser tous les hommes de mon âge ? Car, en vérité, il n'y en avait aucun qui pût m'être comparé ; lui, Cotrim, m'avait suivi de loin, et, nonobstant une brouille ridicule, mes succès n'avaient cessé d'exciter son intérêt, son orgueil, sa vanité. Il entendait tout ce qui se disait sur mon compte, dans les rues, dans les salons ; c'était un concert de louange et d'admiration. Et je laisserais cela pour aller passer des mois de province, sans nécessité, sans motif sérieux ? À moins que ce ne fût une question politique...

— Politique, justement, dis-je.

— Même dans ce cas, répliqua-t-il au bout d'un instant.

Et après un nouveau silence :

— Quoi qu'il en soit, vous venez dîner aujourd'hui avec nous.

— Sans aucun doute ; mais demain ou après-demain c'est vous qui viendrez dîner chez moi.

— Je ne sais pas, je ne sais pas, objecta Sabina, chez un célibataire... Il faut te marier, frérot. D'abord, je veux une nièce, tu entends ?

Cotrim la fit taire, d'un geste que je ne compris pas bien. Peu importe ; la réconciliation d'une famille vaut bien un geste énigmatique.

82
Question de botanique

N'en déplaise aux hypocondriaques, la vie est une belle chose. C'est ce que je me disais, en voyant Sabina, son mari et sa fille descendre en troupe mon escalier, me lançant d'en bas maintes paroles affectueuses, tandis que d'en haut, sur le palier, je leur en renvoyais tout autant. Je continuais à penser que, véritablement, j'étais un homme heureux. J'aimais une femme, j'avais la confiance du mari, j'allais être le secrétaire des deux et je me réconciliais avec les miens. Que pouvais-je désirer de plus en vingt-quatre heures ?

Le même jour, je m'occupai de préparer les esprits à mon départ, en commençant à répandre la nouvelle d'un séjour probable dans le Nord, comme secrétaire de province, afin de réaliser certains desseins politiques qui m'étaient personnels. J'en parlai rue Ouvidor, je le répétai le jour suivant au Pharoux et au théâtre. Quelques-uns, établissant la relation entre ma nomination et celle de Lobo Névès, dont le bruit circulait déjà, souriaient malicieusement, d'autres me tapaient sur l'épaule. Au théâtre, une dame me dit que c'était pousser bien loin l'amour de la sculpture. Elle faisait allusion aux formes sculpturales de Virgilia.

Mais l'allusion la plus transparente me fut faite chez Sabina, trois jours plus tard, par un certain Garcez, vieux chirurgien, petit, trivial et bavard, un de ces hommes capables d'arriver à soixante-dix, quatre-vingts, quatre-vingt-dix ans, sans jamais acquérir cette correction, cette retenue, qui constitue l'élégance des vieillards. La vieillesse ridicule est peut-être la plus triste et la dernière surprise de la nature humaine.

— Je sais, cette fois vous allez traduire Cicéron, me dit-il en apprenant mon voyage.

— Cicéron ! s'écria Sabina.

— Eh bien, quoi ? Votre frère est un grand latiniste. Il traduit Virgile à livre ouvert. Je dis Virgile et non Virgilia... ne confondons pas...

Et il rit, d'un gros rire commun et grivois. Sabina me regarda, craignant une riposte de ma part. Mais me voyant sourire, elle sourit elle-même et tourna la tête pour le dissimuler. Les autres personnes me regardaient d'un air de curiosité, d'indulgence et de sympathie ; il était clair qu'elles ne venaient pas d'apprendre une nouveauté. Le fait de mes amours était beaucoup plus connu que je n'aurais pu le supposer. Cependant je souris, d'un sourire court, fugitif et gourmand — aussi peu discret que les pies de Cintra. Virgilia était une belle erreur et il est si facile d'avouer une belle erreur ! Au début, j'avais soin de rester impassible, quand j'entendais quelque allusion à nos amours ; mais, parole d'honneur ! je ressentais au-dedans de moi une impression douce et flatteuse. Une fois, cependant, il m'arriva de sourire, et je souris encore les fois suivantes. Je ne sais s'il y a ici quelqu'un qui puisse expliquer ce phénomène. Moi, je l'explique ainsi : au début, le contentement, étant intérieur, était pour ainsi dire le même sourire, mais en bouton ; avec le temps, le bouton devint fleur et devint visible aux yeux de tous. Simple question de botanique.

83

13

Cotrim me tira de mon contentement et m'entraîna vers la fenêtre.

— Voulez-vous que je vous dise une chose ? demanda-t-il. Ne faites pas ce voyage : il est insensé, il est dangereux.

— Pourquoi ?

— Vous le savez bien, répliqua-t-il. Il est, avant tout, dangereux, très dangereux. Ici, dans la capitale, une intrigue comme la vôtre se perd dans la masse des gens et des intérêts ; mais en province cela change d'aspect, et, lorsqu'il s'agit de personnages politiques, c'est proprement une folie. Les journaux de l'opposition, dès qu'ils découvriront le pot-aux-roses, imprimeront la chose en toutes lettres et ce seront les insinuations, les plaisanteries, les sobriquets...

— Mais je ne comprends pas...

— Vous comprenez, vous comprenez très bien. Et vraiment vous vous montreriez bien peu notre ami, en vous obstinant à nier ce que tout le monde sait. Moi-même il y a des mois que je suis au courant. Je vous le répète, ne faites pas ce voyage. Supportez la séparation et évitez un grand scandale et de plus grands ennuis...

Ce qu'ayant dit, il rentra dans le cercle. Pour moi, je restai les yeux fixés sur le lampadaire — un ancien lampadaire à huile — sombre, triste, recourbé comme un point d'interrogation. Que faire ? Mon cas était celui de Hamlet : ou m'incliner devant le destin, ou lutter contre lui et le subjuger. En d'autres termes : embarquer ou ne pas embarquer, telle était la question. Le lampadaire ne répondait rien. Les paroles de Cotrim résonnaient aux oreilles de ma mémoire avec un son très différent de celles de Garcez. Peut-être Cotrim avait-il raison ; mais pouvais-je me séparer de Virgilia ?

Sabina vint à moi et me demanda à quoi je pensais. Je répondis : à rien, j'avais sommeil et j'allais rentrer. Sabina resta un moment silencieuse :

— Ce qu'il te faut, je le sais, moi ; c'est une fiancée. Laisse-moi faire, je t'en trouverai une.

Je sortis de là, oppressé, désorienté. Tout en moi était prêt à embarquer — l'esprit et le cœur — et voilà que surgit le portier des convenances, qui me demande mon tiquet d'entrée. J'envoyai au diable les convenances, et avec elles la Constitution, le corps législatif, le ministère et tout le reste.

Le lendemain, en ouvrant une feuille d'informations politiques, je lus que, par décrets du 13, Lobo Névès et moi avions été nommés président et secrétaire de la province de X... J'envoyai immédiatement un mot à Virgilia et deux heures après je me rendais à la Gambôa. Pauvre Dona Placida ! Elle était de plus en plus attristée. Elle me demanda si nous oublierions notre « vieille », si notre absence durerait longtemps, si la province était loin. Je la consolai, mais j'avais besoin moi-même de réconfort, car les objections de Cotrim me tourmentaient. Virgilia arriva bientôt, joyeuse comme une hirondelle ; mais la vue de ma tristesse la rendit sérieuse.

— Qu'arrive-t-il ?

— J'hésite, dis-je, je ne sais si je dois accepter... Virgilia se laissa tomber, en riant, sur le canapé.

— Pourquoi ? dit-elle.

— Ce n'est pas raisonnable, cela va attirer l'attention...

— Mais nous ne partons plus !

— Comment cela ?

Elle me raconta que son mari allait refuser sa nomination, pour un motif qu'il n'avait confié qu'à elle seule, en lui demandant le secret absolu ; il n'aurait pu l'avouer à personne d'autre. « C'est enfantin, lui avait-il dit, c'est ridicule ; mais c'est en somme pour moi une raison très forte. » Il lui expliqua que le décret portait la date du 13 et que ce nombre évoquait pour lui des souvenirs funèbres. Son père était mort un 13, treize jours après un dîner où ils avaient été treize à table. La maison où sa mère était morte portait le n° 13. Et caetera. C'était un nombre fatidique. Ne pouvant donner cette raison au ministre, il lui dirait que des raisons d'ordre privé l'empêchaient d'accepter. Je restai quelque peu stupéfait – comme doit l'être le lecteur – de ce sacrifice fait à un nombre. Mais comme Lobo Névès était ambitieux, le sacrifice devait être sincère...

84
Le conflit

Nombre fatidique, te souviens-tu combien de fois je t'ai béni ? Ainsi les blondes vierges de Thèbes durent-elles bénir la jument à la fauve crinière qui prit leur place au sacrifice de Pélopidas – une superbe jument qui mourut là, couverte de fleurs, sans avoir eu de quiconque une parole de regret. Reçois-la de moi, pitoyable jument, non seulement pour la mort qui te fut infligée, mais aussi parce que, parmi les donzelles ainsi sauvées, il n'est pas impossible qu'ait figuré une aïeule des Cubas ... Nombre fatidique, tu fus notre salut. Le mari ne m'avoua pas le motif de son refus ; à moi aussi il allégua des raisons d'ordre personnel, et le visage sérieux, convaincu, avec lequel je l'écoutai, fait honneur à la dissimulation humaine. Mais lui pouvait à peine cacher la tristesse profonde qui le minait. Il parlait peu, replié sur lui-même, restait enfermé chez lui à lire. Lorsqu'il lui arrivait de recevoir, il causait et riait de façon excessive, affectée, bruyante. Son accablement tenait à deux causes : l'ambition, qu'un scrupule avait jetée bas, et, sitôt après, le doute et peut-être le remords, mais un remords qu'il éprouverait de nouveau dans un cas analogue, parce qu'il y avait en lui un fonds de superstition. Il doutait de la valeur de la superstition, mais sans parvenir à la rejeter. Cette persistance d'un sentiment chez l'individu même à qui il répugnait, était un phénomène digne d'attention. Mais je préférais la pure ingénuité de Dona Placida, quand elle avouait ne pouvoir supporter la vue d'un soulier tourné la semelle en l'air.

— Qu'est-ce que cela fait ? lui demandais-je.

— Ça porte malheur.

Rien d'autre que cette seule réponse, qui valait pour elle le livre des sept sceaux. « Ça porte malheur » : on lui avait dit cela dans son enfance, sans autre explication, et elle s'en tenait à la certitude du malheur. Il n'en était plus de même, quand on parlait de montrer du doigt une étoile ; cela, elle savait parfaitement que cela vous faisait sortir une verrue.

Verrue ou autre chose, qu'importe, à qui ne perd pas la présidence d'une province ? On tolère une supersition gratuite ou bon marché ; mais celle qui vous enlève une partie de la vie est intolérable. C'était le cas de Lobo Névès, avec — par surcroît — le doute et la crainte d'avoir été ridicule. Et de plus cet autre surcroît — que le ministre ne crut pas aux raisons d'ordre privé : il attribua le refus de Lobo Névès à des intrigues politiques, erreur à laquelle se mêlaient quelques apparences de vérité ; il changea d'attitude envers lui, communiqua sa défiance à ses collègues ; des incidents survinrent ; encore un peu de temps, et le président démissionnaire passa aux rangs de l'opposition.

85
Le sommet de la montagne

Qui vient d'échapper à un danger, se prend à aimer la vie avec une force nouvelle. Ayant été à deux doigts de perdre Virgilia, je me mis à l'aimer avec plus d'ardeur encore et il en fut de même pour elle. Ainsi la présidence eut pour seul résultat de faire revivre la passion primitive ; ce fut le philtre qui donna à notre amour plus de saveur, et aussi plus de prix. Les premiers jours après cet incident, nous prenions plaisir à imaginer la douleur de la séparation, s'il y avait eu séparation, la tristesse de chacun de nous, à mesure que la surface de la mer, comme une toile élastique, se fût étendue entre nous. Et comme les enfants qui se réfugient dans le giron de leur mère pour fuir une simple grimace, nous échappions au péril imaginaire en nous serrant dans les bras l'un de l'autre.

— Virgilia, ma chérie !

— Mon amour !

— Tu es à moi, n'est-ce pas ?

— À toi, toute à toi...

Ainsi nous rattachâmes le fil de l'aventure, comme la sultane Schéhérazade rattachait le fil de ses contes. Ce fut, je crois, le point culminant de notre amour, le sommet de la montagne, d'où, pendant quelque temps, nous restâmes à contempler les vallées à l'est et à l'ouest et, au-dessus de nous, le pur azur du ciel. Passé ce temps de douce quiétude, nous commençâmes à descendre la côte, les mains jointes ou séparées, mais à descendre, à descendre, à descendre...

86
Le mystère

Sur cette pente descendante, il me sembla que Virgilia avait un air un peu inhabituel – soit découragement, soit autre chose. Je lui demandai ce qu'elle avait. Sans répondre, elle eut un geste d'ennui, de malaise, de fatigue. J'insistai, elle me dit que... Un fluide subtil parcourut tout mon être : sensation forte, rapide, singulière, que je n'arriverai jamais à fixer sur le papier. Je la pris par les mains, l'attirai doucement vers moi et la baisai sur le front avec la délicatesse du zéphir et la gravité d'Abraham. Elle tressaillit, prit ma tête entre ses mains, me regarda dans les yeux, puis me caressa d'un geste maternel... Il y a là un mystère ; laissons au lecteur le temps de le déchiffrer.

87
Géologie

Survint vers cette époque un événement malheureux ; la mort de Viégas. Viégas s'en fut ainsi, tout d'un coup, avec ses soixante-dix ans suffoqués d'asthme, disloqués de rhumatismes, et une lésion au cœur par-dessus le marché. C'était un des espions les plus perspicaces de notre liaison. Virgilia espérait bien que ce vieux parent, avare comme la tombe, assurerait par quelque legs l'avenir de son fils. Peut-être son mari nourrissait-il les mêmes pensées, mais il savait en tout cas les étouffer ou les dissimuler. À bien tout dire, il y avait en Lobo Névès une certaine dignité foncière, une couche de roche, qui résistait au commerce des hommes. Les autres couches, celles du dessus, sable et terre légère, avaient été emportées par la vie, qui est un torrent de boue perpétuel. Si le lecteur se souvient encore du chapitre 23, il remarquera que c'est la seconde fois que je compare la vie à un torrent de boue. Mais il remarquera aussi que cette fois j'ajoute un adjectif : perpétuel. Et Dieu sait la force d'un adjectif, surtout dans les pays chauds et neufs.

Ce qu'il y a de nouveau dans ce livre, c'est la géologie morale de Lobo Névès, et probablement celle de mon distingué lecteur. Oui, ces couches de caractère que la vie altère, conserve ou dissout selon leur résistance, ces couches mériteraient un chapitre, que je n'écris pas, pour ne pas allonger le récit. Je dirai seulement que l'homme le plus probe que j'aie connu de ma vie était un certain Jacob Médeiros ou Jacob Valladorès, je ne me rappelle pas bien le nom. Peut-être Jacob Rodriguès ; en tout cas, Jacob. Cet homme était la droiture en personne. Il aurait pu être riche, en faisant taire un tout petit scrupule ; il s'y refusa et laissa ainsi lui échapper des mains pas moins de quatre cents contos. Il était d'une probité si exemplaire qu'elle en arrivait à être d'une minutie fatigante. Un jour, étant tous deux seuls chez lui, au cours d'une bonne causerie, on vint lui annoncer le Dr B., un individu assommant. Jacob fit dire qu'il n'y était pas.

— Ça ne prend pas, cria une voix dans le corridor, me voici.

Et en effet, c'était le Dr B., qui parut à la porte du salon. Jacob alla le recevoir, affirmant avoir cru qu'il s'agissait d'une autre personne et non de lui, ajoutant qu'il était très heureux de sa visite ; cela nous valut une heure et demie d'ennui mortel, et encore parce que Jacob tira sa montre. Le Dr B. lui demanda s'il allait sortir :

— Oui, avec ma femme, dit Jacob.

Le Dr B. partit et nous respirâmes. Après avoir bien respiré, je dis à Jacob qu'il venait de mentir quatre fois en moins de deux heures : la première, en faisant dire qu'il n'était pas chez lui ; la seconde, en se félicitant de la présence de l'importun ; la troisième, en disant qu'il allait sortir ; la quatrième, en ajoutant qu'il sortait avec sa femme. Jacob réfléchit un instant, puis il reconnut la justesse de mon observation, mais se défendit en disant que la sincérité absolue était incompatible avec un état social développé et que la paix des cités ne pouvait s'obtenir qu'au prix de mensonges réciproques... Ah ! je me souviens maintenant : il s'appelait Jacob Tavarès.

88
Le malade

Il va sans dire que je réfutai, à l'aide des arguments les plus élémentaires, une doctrine aussi pernicieuse. Mais il était si vexé de mon observation qu'il résista jusqu'au bout, faisant montre dans la discussion d'une certaine chaleur factice, destinée peut-être à étourdir sa conscience.

Le cas de Virgilia était un peu plus sérieux. Moins scrupuleuse que son mari, elle manifestait clairement ses espoirs d'héritage, comblait son parent d'attentions, de gentillesses, de petits soins qui valaient bien, au moins, un codicille. C'était proprement de l'adulation. Mais j'ai toujours observé que l'adulation de la femme n'est pas de même nature que celle de l'homme : l'une frise la servilité, l'autre se confond avec l'affection. L'attitude gracieusement penchée, la douceur de la parole, la faiblesse physique même donnent à la flatterie de la femme une certaine couleur locale, un aspect légitime. Peu importe l'âge de celui qui en est l'objet ; la femme aura toujours avec lui des airs de mère ou de sœur — ou encore d'infirmière, autre fonction féminine pour laquelle il manquera toujours à l'homme le plus habile un je ne sais quoi, un fluide, quelque chose.

C'est à quoi je pensais, quand je voyais Virgilia se dépenser toute en petits soins envers son vieux parent. Elle allait le recevoir à la porte, riait, bavardait, lui enlevait sa canne et son chapeau, le prenait par le bras, le conduisait jusqu'à une chaise, ou plutôt à sa chaise, car il y avait à la maison la « chaise de Viégas », siège spécial, commode, à l'usage des malades ou des vieillards. Elle allait fermer la fenêtre voisine, s'il y avait un peu de vent, ou l'ouvrir, s'il faisait chaud, mais alors avec précaution, s'arrangeant pour qu'il ne fût pas dans le courant d'air.

— Alors ? Vous allez beaucoup mieux aujourd'hui...

— Peuh ! J'ai passé une mauvaise nuit ; ce diable d'asthme ne me laisse pas de repos.

Et le vieillard soufflait se reposant peu à peu non de la fatigue de la route, car il allait toujours en voiture, mais de l'entrée et de la montée. À côté de lui, un peu en avant, sur un petit banc, s'asseyait Virgilia, les mains sur les genoux du malade. Cependant, l'enfant entrait au salon, sans faire ses gambades habituelles, mais au contraire discret, calme, sérieux. Viégas l'aimait beaucoup.

— Viens ici, Nhonhô, disait-il. Il introduisait péniblement la main dans sa vaste poche, en tirait une petite boîte de pastilles, en mettait une dans sa bouche et en donnait une autre au petit. Des pastilles anti-asthmatiques : l'enfant les disait très bonnes.

La scène se répétait avec des variantes. Comme Viégas aimait jouer aux dames, Virgilia se pliait à son désir, attendant avec patience tout le temps nécessaire à l'autre pour déplacer les pièces de sa main faible et tremblante. Parfois ils descendaient se promener dans le jardin, elle lui offrait son bras, qu'il n'acceptait pas toujours, se vantant d'être solide et capable de marcher une lieue. Ils allaient, s'asseyaient, reprenaient leur promenade, parlant de tout, d'une affaire de famille, d'un potin de salon, ou d'une maison d'habitation qu'il voulait faire construire pour lui, une maison moderne, car la sienne était une vieille construction du temps du Dom João VI, comme celles que l'on peut voir encore, je crois, dans le quartier de Saint-Christophe, avec leurs façades à grosses colonnes. Il voulait remplacer cette grande maison par une autre, dont il avait déjà commandé le plan à un constructeur connu. Alors... ah oui ! c'est alors que Virgilia verrait ce que c'est qu'un vieil homme qui a du goût.

Il parlait — comme on peut l'imaginer — lentement, difficilement, avec, par intervalles, un halètement aussi pénible pour les autres que pour lui. De temps en temps, un accès de toux le courbait, gémissant ; il portait son mouchoir à sa bouche, l'examinait ensuite ; l'accès passé, il revenait au plan de la maison, qui devait avoir telles et telles pièces, une terrasse, une remise... enfin une perfection.

89
In extremis

— Demain je vais passer la journée chez Viégas, me dit-elle un jour. Le malheureux ! il n'a personne...

Viégas était au lit, définitivement ; sa fille, mariée, se trouvait malade au même moment et ne pouvait lui tenir compagnie. Virgilia allait le voir de temps à autre. Je profitai de l'occasion pour passer toute cette journée auprès d'elle. J'arrivai à deux heures de l'après-midi. Viégas toussait avec une telle force que j'en avais mal à la poitrine. Dans l'intervalle des accès il débattait le prix d'une maison avec un maigre individu qui en offrait trente contos. Viégas en voulait quarante. L'acheteur était pressé comme s'il craignait de manquer le train, mais Viégas restait intransigeant ; il refusa d'abord les trente contos, puis trente-deux, puis trente-trois et eut alors un violent accès de toux qui le priva de la parole pendant quinze minutes. L'acheteur était plein d'attentions pour lui, arrangeait ses oreillers ; il lui offrit trente-six contos.

— Jamais ! gémit le malade.

Il envoya chercher un rouleau de papiers dans son bureau ; n'ayant pas la force d'enlever le caoutchouc qui les retenait, il me demanda de le faire pour lui. C'étaient les comptes de dépenses pour la construction de la maison : les factures du maçon, du charpentier, du peintre ; le prix des papiers de tapisserie pour le salon, la salle à manger, les chambres à coucher, les cabinets ; le compte des ferrures ; le prix du terrain. Il les dépliait un à un, d'une main tremblante, me demandait de les lire, je les lisais.

— Vous voyez ; douze cents, du papier à douze cents la pièce. Des ferrures de France... Voyez, c'est pour rien, conclut-il après avoir lu les derniers devis.

— Oui... mais...

— Quarante contos, je ne la donne pas à moins. Rien que le revenu... faites le compte du revenu...

Les paroles arrivaient mêlées d'accès de toux, par syllabes, par jets, comme les miettes d'un poumon décomposé. Dans ses orbites creuses roulaient deux yeux brillants, qui me faisaient penser à une veilleuse au petit jour. Sous le drap se dessinait la carcasse osseuse du corps, pointant en deux endroits, aux genoux et aux pieds ; la peau jaune, flasque, rugueuse plaquait sur les os de la face un masque sans expression ; un bonnet de coton blanc couvrait son crâne dégarni par les ans.

— Alors ? dit l'homme maigre.

Je lui fis signe de ne pas insister et il se tut quelques instants.

Le malade resta immobile, sans parler, haletant, le regard fixé au plafond. Virgilia pâlit, se leva, alla jusqu'à la fenêtre : elle avait peur de la mort, qui lui semblait proche. Je m'efforçai de parler d'autres choses. L'homme maigre raconta une anecdote, puis reprit la discussion sur la maison, forçant encore son offre :

— Trente-huit contos, fit-il.

— Am !... gémit le patient.

L'individu s'approcha du lit, lui prit la main, la sentit froide. Je me penchai vers le malade, lui demandai s'il se sentait mal, s'il voulait un verre de vin.

— Non... non... quar... quaran... quar... quar...

Il eut un accès de toux qui fut le dernier. Il expira un instant après, à la grande consternation de l'individu maigre, qui m'avoue ensuite qu'il était disposé à offrir les quarante contos ; mais il était trop tard.

90
Le vieux colloque d'Adam et de Caïn

Rien. Pas le moindre souvenir testamentaire, fût-ce une pastille, qui eût pu suffire à ne pas le faire paraître totalement ingrat ou oublieux. Rien. Virgilia supporta avec rage la ruine de ses espérances ; elle ne m'en fit part qu'avec quelque précaution, non pour la chose en elle-même, mais parce qu'elle concernait son fils, que je n'aimais — elle le savait — ni beaucoup ni peu. Je lui insinuai de ne plus penser à cette affaire. Le mieux était d'oublier le défunt, un imbécile, un grigou sans nom, et de songer à des choses plus gaies ; à notre fils, par exemple...

Voilà que j'ai laissé échappé l'explication du mystère, de ce doux mystère remontant à quelques semaines, au jour où Virgilia m'avait paru quelque peu différente d'elle-même. Un fils ! Un être tiré de mon être ! C'était à cette époque ma préoccupation exclusive. Regards du monde, jalousie du mari, mort de Viégas, rien ne m'intéressait alors, ni les conflits politiques, ni les révolutions, ni les tremblements de terre, ni rien. Je ne pensais qu'à cet embryon anonyme, de paternité douteuse, et une voix me disait : c'est ton fils. Mon fils ! Je répétais ces deux mots avec une volupté indéfinissable et je ne sais quelle poussée d'orgueil. Je me sentais un homme.

Ce qu'il y avait de mieux, c'est que nous conversions tous les deux, l'embryon et moi, nous parlions du présent et de l'avenir. Il m'aimait, le polisson, c'était un charmant petit-maître, il me donnait des tapes sur la figure avec ses petites mains dodues, ou bien il retroussait sa robe de licencié — car il serait licencié — et faisait un discours à la Chambre des députés. Et son père l'écoutait d'une tribune, les yeux pleins de larmes. De licencié, il repassait à l'école, petit enfant, l'ardoise et les livres sous le bras, ou il retournait au berceau pour réapparaître homme fait. En vain cherchais-je à fixer dans mon esprit un âge, une attitude : cet embryon avait à mes yeux toutes les tailles et tous les gestes : il têtait, il écrivait, il valsait, il était l'infini entre les limites d'un quart d'heure — bébé et député, collégien et dandy. Parfois, aux côtés de Virgilia, j'oubliais qu'elle était là, j'oubliais tout. Virgilia me secouait, se plaignait de mon silence, disant que je ne me souciais plus d'elle. La vérité, c'est que je conversais avec l'embryon. C'était le vieux colloque d'Adam et de Caïn, une conversation sans parole entre la vie et la vie, le mystère et le mystère.

91
Une lettre extraordinaire

Je reçus à la même époque une lettre extraordinaire, accompagnée d'un objet non moins extraordinaire. Voici ce que disait la lettre :

« *Mon cher Bras Cubas,*

« *Il y a quelque temps, au Jardin Public, je vous ai emprunté une montre. J'ai la satisfaction de vous la renvoyer en même temps que cette lettre. La différence est que ce n'est pas la même, mais une autre, je ne dis pas supérieure, mais comparable à la première.* Que voulez-vous, monseigneur ? – *comme disait Figaro* – c'est la misère ! *Bien des choses se sont passées depuis notre rencontre ; j'irai vous les conter par le menu, si vous ne me fermez pas votre porte. Sachez que je ne traîne plus ces bottes caduques, que je ne porte plus cette fameuse redingote dont les pans se perdaient dans la nuit des temps. J'ai cédé ma place sur les marches de l'escalier de Saint-François ; et finalement je déjeune.*

Ceci dit, je vous demanderai la permission d'aller un de ces jours vous exposer un travail, fruit d'une longue étude, un système de philosophie qui non seulement explique et dépeint l'origine et la consommation des choses, mais qui marque un grand progrès sur Zénon et Sénèque, dont le stoïcisme n'était véritablement qu'un jeu d'enfants au regard de ma recette morale. Mon système est simplement prodigieux ; il redresse l'esprit humain, supprime la douleur, assure le bonheur et couvre notre pays d'une gloire immense. Je l'appelle Humanitisme, de Humanitas, *principe des choses. Ma première idée trahissait une grande infatuation : c'était de l'appeler Borbisme, du nom de Borba, dénomination aussi prétentieuse que rude et déplaisante. Et certainement, elle exprimait beau-*

coup moins. Vous verrez, mon cher Bras Cubas, vous verrez que c'est vraiment un monument ; et s'il est une chose capable de me faire oublier les amertumes de la vie, c'est la joie d'avoir enfin pu me rendre maître de la Vérité et du Bonheur. Les voilà dans ma main, ces deux insaisissables ; après tant de siècles de luttes, de recherches, de découvertes, de systèmes et d'échecs, les voilà dans la main de l'homme. À bientôt, mon cher Bras Cubas. Souvenirs de

votre vieil ami »

Joachim Borba dos Santos.

Je lus cette lettre sans la comprendre. Un écrin y était joint, contenant une belle montre, avec mes initiales gravées et cette phrase : *Souvenir du vieux Quincas*. Je repris la lettre, je la relus posément, attentivement. La restitution de la montre excluait toute idée de plaisanterie ; la lucidité, la sérénité, la conviction — non dénuée de jactance, il est vrai — semblait exclure le soupçon de folie. Naturellement Quincas Borba avait dû hériter de quelqu'un de ses parents de Minas et la richesse lui avait rendu la dignité première. Je n'irai peut-être pas jusque-là ; il y a des choses qui ne se peuvent récupérer intégralement. Mais enfin la régénération n'était pas impossible. Je rangeai la lettre et la montre et j'attendis la philosophie.

92
Un homme extraordinaire

Finissons-en avec les choses extraordinaires. Je venais à peine de ranger la lettre et la montre, quand je vis arriver un homme maigre, assez commun, avec un billet de Cotrim m'invitant à dîner. Le porteur était arrivé du Nord quelques jours auparavant : il s'appelait Damascéno et avait fait la révolution de 1831. Il me l'apprit lui-même en moins de cinq minutes. Il avait quitté Rio de Janeiro par suite de désaccord avec le Régent, qui était un âne, un peu moins cependant que les ministres qui l'entouraient. Du reste, la révolution était de nouveau à nos portes. Sur ce point, bien qu'il eût des idées politiques un peu confuses, je réussis à trouver la formule et la structure du gouvernement de ses rêves : c'était un despotisme tempéré — non par des chansons, comme dit l'autre — mais par les plumets de la garde nationale. Je ne pus cependant pas comprendre s'il voulait le despotisme d'un, de trois, de trente ou de trois cents. Il avait ses idées sur d'autres sujets, tels que le développement du trafic des nègres et l'expulsion des Anglais.

Il aimait beaucoup le théâtre ; dès son arrivée, il était allé au théâtre de São Pedro, où il avait vu un drame superbe, *Marie Jeanne*, et une comédie très amusante : *Ketty ou le retour en Suisse*. Il avait aussi beaucoup goûté la Dépérini, dans *Sapho* ou dans *Anne de Boleyn*, il ne se rappelait pas bien. Mais Candiani ! ça, Monsieur, c'était un régal. Il voulait maintenant entendre *Ernani*, que sa fille chantait au piano, à la maison : *Ernani, Ernani, involami*... Ce disant, il se levait et chantonnait à mi-voix. Dans le Nord, toutes ces choses arrivaient à peine comme un écho. Sa fille mourait d'envie d'entendre tous les opéras. Elle avait une voix charmante, sa fille. Et du goût, beaucoup de goût. Ah ! il lui tardait de revoir Rio de Janeiro. Il avait déjà couru toute la ville, évoqué des souvenirs... Parole ! en certains endroits, il avait pensé pleurer. Mais il ne voulait plus faire de traversées. Il avait eu le mal de mer à bord, comme tous les autres passagers, excepté un Anglais... Le diable emporte les Anglais ! Rien ne marcherait tant qu'on ne leur aurait pas fait repasser la barre. Qu'est-ce que l'Angleterre pourrait nous faire ? Qu'il trouvât seulement quelques hommes de bonne volonté et l'expulsion de tous ces *goddams* serait l'affaire d'une nuit... Dieu merci, il était patriote – et il se frappait la poitrine – ce qui n'avait rien d'étonnant, car c'était de famille : il descendait d'un ancien général, fervent patriote lui aussi. Et oui ! il n'était pas un homme de rien. Et vienne l'occasion, on verrait de quel bois il était fait... Mais il se faisait tard, j'allais promettre de venir dîner sans faute, il comptait sur moi pour une plus longue conversation. Je le reconduisis à la porte du salon ; il s'arrêta pour me dire qu'il avait beaucoup de sympathie pour moi. Lors de son mariage, j'étais en Europe. Il avait bien connu mon père, un parfait honnête homme, avec qui il avait dansé dans un bal célèbre de la Praia Grande... Que de choses ! Que de choses ! Il me parlerait de tout cela une autre fois, il se faisait tard, il devait porter la réponse à Cotrim. Il sortit. Je refermai la porte sur lui...

93
Le dîner

Quel supplice que ce dîner ! Heureusement Sabina m'avait placé à côté de la fille de Damascéno, une certaine Dona Eulalia, ou plus familièrement Nhã-lolo, une gentille jeune fille, un peu timide au début, mais au début seulement. Elle manquait d'élégance, mais ses yeux compensaient ce manque, des yeux superbes, dont le seul défaut était de ne se détourner de moi que pour regarder dans son assiette ; mais Nhã-lolo mangeait si peu qu'elle ne regardait presque jamais son assiette. Le soir elle chanta ; elle avait, comme disait son père, une voix charmante. Je m'esquivai cependant. Sabina m'accompagna jusqu'à la porte et me demanda comment je trouvais la fille de Damascéno.

— Comme ci, comme ça.

— Très gentille, n'est-ce pas ? insista-t-elle. Il lui manque un peu l'empreinte de la capitale, mais quel cœur ! C'est une perle. Tout à fait ce qu'il te faut comme femme.

— Je n'aime pas les perles.

— Entêté ! Pour quand te gardes-tu ? pour le jour où tu tomberas de vieillesse, je sais. Eh bien, mon bon, que tu le veuilles ou non, tu épouseras Nhã-lolo.

Disant cela, elle me frappait la joue du bout des doigts, douce comme une colombe, mais péremptoire et décidée. Grands Dieux ! était-ce là le motif de la réconciliation ? Je fus un peu attristé de cette idée, mais une voix mystérieuse m'appelait chez Lobo Névès ; je dis adieu à Sabina et à ses menaces.

94
La raison secrète

— Comment va ma chère maman ?

À ces mots, Virgilia fit la moue, comme toujours. Elle était au coin d'une fenêtre, seule, à regarder la lune et m'avait accueilli gaiement ; mais quand je lui parlai de notre fils, elle fit la moue. Elle n'aimait pas ce genre d'allusions, mes tendresses paternelles anticipées l'agaçaient... Moi, pour qui elle était déjà une personne sacrée, un vase divin, je ne la tourmentais pas. J'avais d'abord supposé que l'embryon, ce profil de l'inconnu se projetant sur notre aventure, lui avait rendu la conscience de la faute. Je me trompais. Jamais Virgilia ne m'avait paru plus expansive, plus « sans réserves », moins préoccupée des autres et de son mari : ce n'étaient pas les remords. J'en vins à imaginer que l'enfant était une pure invention, un moyen de m'attacher à elle, un procédé de courte efficacité, qui commençait peut-être à la gêner. Cette hypothèse n'avait rien d'absurde ; ma douce Virgilia mentait parfois avant tant de grâce !

Ce soir-là je découvris la raison véritable. C'était la peur de l'accouchement et les ennuis de la grossesse. Elle avait beaucoup souffert de la naissance de son premier fils ; et cette heure, faite de minutes de vie et de minutes de mort, lui donnait déjà en imagination le frisson de l'échafaud. Quant aux ennuis, ils s'aggravaient de la privation forcée de certaines habitudes de la vie élégante. C'était cela, sans aucun doute. Je le lui donnai à entendre, en la réprimandant un peu au nom de mes droits de père. Virgilia me regarda, puis détourna les yeux et sourit d'un air incrédule.

95
Fleurs d'antan

Où sont-elles les fleurs d'antan ? Un soir, après quelques semaines de gestation, tout l'édifice de mes chimères paternelles s'écroula. L'embryon s'en fut, sans avoir dépassé le point où l'on ne distingue pas un Laplace d'une tortue. J'en eus l'annonce de la bouche de Lobo Névès, qui me laissa au salon pour accompgner le médecin dans la chambre de la jeune mère frustrée. Je m'accoudai à la fenêtre, regardant le jardin où verdoyaient les orangers sans fleurs. Où étaient-elles, les fleurs d'antan ?

96
La lettre anonyme

Je sentis que quelqu'un me touchait l'épaule ; c'était Lobo Névès. Nous nous regardâmes quelques instants, muets, inconsolables. Je m'informai de l'état de Virgilia et nous restâmes à converser une demi-heure. Sur ces entrefaites, on lui remit une lettre ; il la lut, pâlit et la plia d'une main tremblante. Je crois que je le vis faire un mouvement, comme pour se jeter sur moi ; je ne me souviens pas bien. Ce que je me rappelle clairement, c'est que, durant les jours suivants, il fut avec moi froid et taciturne. Enfin Virgilia me raconta la chose, quelques jours plus tard à la Gambôa.

Sitôt rétablie, son mari lui avait montré la lettre. C'était une lettre anonyme, qui nous dénonçait. Elle ne disait pas tout ; en particulier, elle ne parlait pas de nos rendez-vous à l'extérieur. Elle se bornait à le mettre en garde contre mon intimité et ajoutait que tout le monde était au courant. Virgilia lut la lettre et déclara avec indignation que c'était une calomnie infâme.

– Une calomnie ? demanda Lobo Névès.

– Infâme.

Le mari respira. Mais, reprenant la missive, chaque mot semblait lui faire du doigt un signe de dénégation, chaque lettre semblait protester contre l'indignation de sa femme. Cet homme, courageux par ailleurs, était maintenant la plus faible des créatures. Peut-être l'imagination lui montrait-elle de loin le fameux œil de l'opinion, le fixant railleusement, d'un air sarcastique ; peut-être une bouche invisible lui redisait-elle à l'oreille les plaisanteries qu'il avait autrefois entendues et répétées. Il pressa sa femme de tout lui confesser, car il lui pardonnerait tout. Virgilia comprit qu'elle était sauvée. Elle se montra irritée de son insistance, jura qu'elle n'avait jamais entendu de ma part que des paroles de badinage ou de courtoisie. La lettre devait être de quelque amoureux éconduit. Elle en cita quelques-uns — un qui l'avait courtisée nettement pendant trois semaines, un autre qui lui avait écrit une lettre, et d'autres et d'autres encore. Elle citait les noms, les circonstances, cherchant à lire dans les yeux de son mari, et conclut que, pour ne pas donner prise à la calomnie, elle ferait en sorte de m'amener à cesser mes visites.

J'écoutais tout cela, un peu troublé non par le surcroît de dissimulation auquel il faudrait recourir désormais, jusqu'à m'abstenir entièrement d'aller chez Lobo Névès, mais par le sang-froid de Virgilia, son manque d'émotion, de crainte, de regrets et même de remords. Elle remarqua mon air préoccupé, me releva la tête, car je fixais obstinément le plancher, et me dit avec une certaine amertume :

— Vous ne méritez pas les sacrifices que je fais pour vous.

Je ne répondis rien. Il eût été oiseux de lui faire comprendre qu'une petite dose de désespoir et de crainte eût redonné à notre situation la saveur caustique des premiers jours. Mais si je le lui avais dit, il n'eût pas été impossible qu'elle arrivât lentement et artificieusement jusqu'à cette dose de désespoir et de crainte. Je ne répondis rien. Elle battait nerveusement le sol de la pointe du pied ; je m'approchai d'elle et l'embrassai sur le front. Virgilia recula, comme si c'eût été le baiser d'un défunt.

97
Entre le front et la bouche

Je sens que le lecteur frémit – ou devrait frémir. Le dernier mot lui a naturellement suggéré trois ou quatre réflexions. Voyons bien la scène : dans une petite maison de la Gambôa, deux personnes qui s'aiment depuis longtemps, l'une penchée vers l'autre, lui donnant un baiser sur le front, et l'autre reculant, comme au contact de la bouche d'un cadavre. Il y a là, dans ce court intervalle entre le front et la bouche, avant le baiser et après le baiser, il y a là une large place pour beaucoup de choses – la contraction d'un ressentiment – la ride d'une mésentente – ou enfin le nez pâle et somnolent de la satiété...

98
Supprimé

Nous nous quittâmes gaiement. À dîner, j'étais réconcilié avec la situation. La lettre anonyme avait redonné à notre aventure le sel du mystère et le piment du péril ; et, en fin de compte, il était bon que Virgilia n'eût pas perdu dans cette crise la maîtrise de soi-même. Le soir j'allai au théâtre São Pedro. On donnait une grande pièce, où Estella arrachait les larmes. J'entre, je parcours les loges des yeux ; j'aperçois dans l'une d'elles Damascéno et sa famille. Sa fille était habillée avec plus d'élégance et un certain luxe, chose difficile à expliquer, car le père gagnait juste assez pour s'endetter ; somme toute, peut-être était-ce pour cela.

J'allai les voir à l'entr'acte. Damascéno m'accueillit par un flot de paroles, sa femme par un flot de sourires. Quant à Nhã-lolo, elle ne me quitta plus des yeux. Elle me parut plus jolie que le jour du dîner. Je lui trouvai une certaine douceur céleste unie à l'éclat des formes terrestres — expression vague et bien digne d'un chapitre où tout va être vague. Vraiment je ne sais comment vous dire que je me sentais pas mal du tout à côté de cette jeune fille, élégamment vêtue d'une très jolie robe, une robe qui me donnait des démangeaisons de Tartufe. C'est en regardant cette jupe, qui recouvrait chastement la rondeur du genou, que je fis une découverte subtile, à savoir que la nature a prévu le vêtement humain, condition nécessaire au développement de notre espèce. La nudité habituelle, vue la multiplication des travaux et des préoccupations de l'individu, tendrait à émousser les sens et à ralentir l'élan sexuel, tandis que le vêtement, provoquant la nature par ses agaceries, aiguise et attire les désirs, les renforce, les renouvelle et, comme conséquence, fait progresser la civilisation. Bienheureuse coutume, à laquelle nous devons *Othello* et les paquebots transatlantiques !

J'ai bien envie de supprimer ce chapitre. La pente est dangereuse. Mais après tout, j'écris mes mémoires et non les tiens, sage lecteur. Auprès de cette charmante jeune fille, je me sentais en proie à une sensation double et indéfinissable, répondant entièrement à la dualité de Pascal, *l'ange et la bête*[1], avec cette différence que le Janséniste n'admettait pas la simultanéité des deux natures, tandis que dans mon cas elles étaient bien jointes : — l'*ange*, qui tenait des propos éthérés — et *la bête*, qui... Non, décidément, je supprime ce chapitre.

1. En français dans le texte.

99
Au parterre

Au parterre, je trouvai Lobo Névès, en conversation avec quelques amis ; nous nous parlâmes de haut, froidement, gênés l'un et l'autre. Mais à l'entr'acte suivant, peu avant le lever du rideau, nous nous rencontrâmes dans un couloir où il n'y avait personne. Il vint à moi gaiement, très affable, m'attira vers une des baies du théâtre et là nous parlâmes longuement, surtout lui, qui paraissait le plus tranquille des hommes. J'en vins à lui demander des nouvelles de sa femme, il me répondit qu'elle allait bien, mais fit rapidement dévier la conversation vers des sujets généraux, expansif, presque jovial. Devine qui voudra la cause du changement ; j'évite Damascéno qui me guette depuis la porte de la loge.

Je n'entendis rien de l'acte suivant, ni les paroles des acteurs, ni les applaudissements du public. Allongé dans mon fauteuil, je recherchais dans ma mémoire les morceaux de la conversation de Lobo Névès, je reconstituais son attitude et je concluais que notre nouvelle situation était de beaucoup préférable. La Gambôa pouvait nous suffire : à fréquenter l'autre maison, j'exciterais les jalousies. En toute rigueur, nous pouvions nous dispenser de nous voir tous les jours : cela, même, vaudrait mieux, cela mettrait dans nos amours le regret d'un empêchement. Au surplus, j'avais atteint la quarantaine et je n'étais rien, pas même électeur de ma paroisse. Il était temps d'agir, de faire quelque chose, ne serait-ce que pour l'amour de Virgilia, qui serait fière de voir briller mon nom... Je crois qu'il y eut à ce moment dans la salle de grands applaudissements, mais je ne le jurerais pas ; je pensais à autre chose.

Oh foule, dont j'ai convoité l'amour jusqu'à ma mort, c'était ainsi que parfois je me vengeais de toi : je laissais gronder autour de moi, sans l'entendre, la rumeur de la gent humaine, comme le Prométhée d'Eschyle dédaignant ses bourreaux. Ah ! tu croyais m'enchaîner au rocher de ta frivolité, de ton indifférence, de ton abandon ? Chaînes fragiles, mon amie, je les brisais d'un geste de Gulliver. Aller méditer dans le désert est chose banale ; la volupté rare, pour l'homme, c'est de s'isoler au milieu d'une mer de gestes et de paroles, de nerfs et de passions, de se déclarer étranger, inaccessible, absent. Le plus que l'on puisse dire, quand il revient à lui – c'est-à-dire quand il revient aux autres – c'est qu'il tombe de la lune, mais la lune, ce grenier lumineux et secret du cerveau, qu'est-ce sinon l'affirmation dédaigneuse de notre liberté spirituelle ? Par Dieu ! voilà une belle fin de chapitre.

100
La probabilité

Si ce monde n'était pas un pays de gens distraits, il serait superflu de faire remarquer au lecteur que je n'affirme certaines lois que lorsque je le peux vraiment ; pour d'autres, je me contente d'admettre la probabilité. Un exemple de cette deuxième catégorie est donné par le présent chapitre, dont je recommande la lecture à toute personne aimant l'étude des phénomènes sociaux. À ce qu'il semble – et ce n'est pas improbable – il existe entre les faits de la vie publique et ceux de la vie privée une certaine action réciproque, régulière et peut-être périodique, ou, pour user d'une image, quelque chose d'analogue au mouvement de la mer sur la plage de Flamengo ou sur d'autres également houleuses. Quand le flot envahit la plage, il la recouvre sur une certaine profondeur, mais cette même eau retourne à la mer, avec une force variable, et va grossir le flot qui arrive et qui reviendra comme le premier. Voilà l'image, voyons l'application.

J'ai dit dans une page précédente que Lobo Névès, nommé président de province, avait refusé sa nomination en raison de la date du décret qui était un 13 ; acte grave, dont la conséquence avait été pour le mari de Virgilia, sa rupture avec le Ministère. Ainsi la répugnance pour un nombre, fait privé, avait provoqué un phénomène de dissidence politique. Reste à voir comment, quelque temps après, un acte politique détermina dans la vie privée une cessation de mouvement. Comme il ne convient pas à l'ordonnance de ce livre de décrire dès maintenant cet autre phénomène, je me borne pour l'instant à dire que, quatre mois après notre rencontre au théâtre, Lobo Névès se réconcilia avec le Ministère ; fait que le lecteur ne doit pas perdre de vue, s'il veut pénétrer la subtilité de mon raisonnement.

101
La révolution en Dalmatie

Ce fut Virgilia qui m'apprit la virevolte politique de son mari, un certain matin d'octobre, entre onze heures et midi ; elle me parla de réunions, de conversations, d'un discours...

— De sorte que cette fois vous allez être baronne, interrompis-je.

Elle fit la moue et secoua la tête de droite à gauche, mais ce geste d'indifférence était démenti par quelque chose de moins définissable, de moins clair, une expression de plaisir et d'espérance. Je ne sais pourquoi, mais j'imaginai que la lettre impériale de nomination pourrait la ramener à la vertu, je ne dis pas pour la vertu en elle-même, mais par gratitude pour son mari. Elle aimait passionnément la noblesse. Un des plus grands désaccords de notre vie fut l'apparition d'un certain dandy de légation — disons, si vous voulez, de la légation de Dalmatie — le comte B. V., qui lui fit la cour pendant trois mois. Cet homme, véritable gentilhomme de race, avait quelque peu tourné la tête à Virgilia, qui, du reste, avait la vocation diplomatique. Je ne puis me représenter au juste ce qu'il en aurait été de moi, s'il n'avait éclaté en Dalmatie une révolution, qui renversa le gouvernement et épura les ambassades. La révolution fut sanglante, cruelle, formidable ; à chaque courrier arrivé d'Europe, les journaux enregistraient les atrocités, mesuraient le sang répandu, comptaient les têtes coupées ; tout le monde frémissait d'indignation et de pitié... Moi, non ; je bénissais intérieurement cette tragédie qui m'avait tiré une épine du pied. Et puis... la Dalmatie était si loin !

102
Répit

Mais ce même homme qui se réjouit du départ de l'autre, se conduisit plus tard... Non, je ne veux pas le dire ici ; que ce chapitre soit un répit pour ma confusion. Un acte grossier, vulgaire, sans explication possible... Je le répète, je ne conterai pas l'incident dans cette page.

103
Distraction

— Non, monsieur le docteur, cela ne se fait pas. Excusez-moi, mais cela ne se fait pas.

Dona Placida avait raison. Un galant homme n'arrive pas avec une heure de retard au rendez-vous où l'attend la dame de ses pensées. J'entrai hors d'haleine ; Virgilia était partie. Dona Placida me dit qu'elle avait attendu longtemps, qu'elle s'était mise en colère, qu'elle avait pleuré, qu'elle m'avait voué son mépris, et bien d'autres choses que notre gardienne me contait avec des larmes dans la voix, me demandant de ne pas délaisser Yaya, que c'était trop d'injustice envers une jeune femme qui m'avait tout sacrifié. Je lui expliquai qu'un malentendu... Et ce n'était pas cela. Je crois que c'était simple distraction. Un mot, une conversation, une anecdote, quelque chose ; simple distraction.

Pauvre Dona Placida ! Elle était sincèrement affligée. Elle allait d'un côté à l'autre, secouant la tête, soupirant avec bruit, épiant par la persienne. Pauvre Dona Placida ! Quel art elle savait mettre à soigner notre amour, comme un enfant dont elle arrangeait les vêtements, caressait les joues, berçait les habitudes ! Quelle imagination fertile pour rendre les heures plus agréables et plus brèves ! Fleurs, gâteaux — les bons gâteaux d'autrefois — beaucoup de prévenances, gaieté et prévenances qui augmentaient avec le temps, comme si elle eût voulu fixer notre aventure ou lui restituer sa fraîcheur première. Notre ménagère et confidente n'oubliait rien, rien, pas même le mensonge, car elle rapportait à l'un et à l'autre des soupirs et des regrets dont elle n'avait pas été témoin ; rien, pas même la calomnie, car elle en vint une fois à m'attribuer une nouvelle passion. « Vous savez bien que je ne puis aimer une autre femme », fut ma réponse, quand Virgilia m'en parla. Et cette parole seule, sans aucune protestation, sans aucune récrimination, dissipa la calomnie de Dona Placida, qui en fut toute attristée.

— C'est bon, lui dis-je au bout d'un quart d'heure. Virgilia reconnaîtra que ce n'était pas de ma faute... Voulez-vous lui porter tout de suite une lettre ?

— Elle doit être bien triste, la pauvre petite ; certes, je ne souhaite la mort de personne, mais si monsieur le docteur vient un jour à épouser Yaya, c'est alors qu'il verra quel ange elle est !

J'ai souvenir que je détournai la tête et baissai les yeux. Je recommande ce geste aux personnes qui n'auraient pas une parole toute prête en réponse ou encore à celles qui craindraient de fixer leurs yeux sur d'autres yeux. En pareille occurrence, il en est qui préfèrent réciter une strophe des *Lusiades*, d'autres qui choisissent comme ressource de siffler un air de la *Norma*. Moi, je m'en tiens au geste indiqué ; c'est plus simple et cela demande moins d'effort.

Trois jours après, tout était expliqué. Je suppose que Virgilia fut un peu étonnée, quand je lui demandai pardon des larmes qu'elle avait versées en cette triste occasion. Je ne me souviens pas si, intérieurement, je les attribuai à Dona Placida. Il était possible, en effet, que Dona Placida eût pleuré en la voyant désappointée et que, par une illusion d'optique, les larmes qu'elle avait dans les yeux lui eussent paru tomber des yeux de Virgilia. Quoi qu'il en fût, tout était expliqué, mais non pardonné et encore moins oublié. Virgilia me disait des choses dures, me menaçait de rompre, me faisait l'éloge de son mari. Celui-là, oui, était un homme digne, délicat, bien supérieur à moi, un modèle de courtoisie et d'affection. Et tandis qu'elle parlait, moi, assis, les bras entre les genoux, je considérais le sol, où une mouche entraînait une fourmi qui lui mordait la patte. Pauvre mouche ! pauvre fourmi !

— Et vous ne dites rien, rien ? demanda Virgilia, en se plantant devant moi.

— Qu'ai-je à dire ? Je vous ai tout expliqué, vous persistez à vous fâcher. Qu'ai-je à dire ? Savez-vous ce que je pense ? Je pense que vous en avez assez, que vous êtes excédée, que vous cherchez à en finir...

— Justement !

Elle alla mettre son chapeau, d'une main tremblante, rageuse... — « Adieu, Dona Placida », cria-t-elle vers l'intérieur. Elle alla jusqu'à la porte, tira le verrou, elle allait sortir ; je la saisis par la ceinture. « C'est bon, c'est bon », lui dis-je, Virgilia fit encore un effort pour sortir. Je la retins, la suppliai de rester, d'oublier ; elle s'éloigna de la porte et vint tomber sur le canapé. Je m'assis près d'elle et lui dis mille choses ou tendres, ou repentantes, ou plaisantes. Je ne préciserai pas si nos lèvres arrivèrent à la distance d'un fil de soie ou moins encore : c'est matière à controverse. Mais je me souviens que, dans l'agitation, une boucle d'oreille de Virgilia tomba par terre, que je me penchai pour la ramasser et que la mouche déjà citée grimpa sur le bijou, ayant toujours la fourmi à la patte. Alors, avec la délicatesse native d'un homme de notre siècle, je mis dans la paume de ma main ce couple de torturés, je calculai toute la distance qui séparait ma main de la planète Saturne et je me demandai à moi-même quel intérêt pouvait présenter un épisode aussi insignifiant. Si vous en concluez que j'étais un barbare, vous vous trompez, car je pris une épingle à cheveux de Virgilia pour séparer les deux insectes ; mais la mouche devina mon intention, ouvrit les ailes et s'en fut. Pauvre mouche ! pauvre fourmi ! Et Dieu vit que cela était bon, comme dit l'Écriture.

104
C'était lui !

Je rendis l'épingle à Virgilia, qui la remit dans ses cheveux et s'apprêta à partir. Il était tard, plus de trois heures. Tout était oublié et pardonné. Dona Placida, qui épiait l'occasion propice pour la sortie, ferma soudain la fenêtre et s'écria :

– Sainte Vierge ! Voilà le mari de Yaya !

Le moment d'affolement fut court mais complet. Virgilia devint de la couleur de ses dentelles et courut à la porte de la chambre à coucher ; Dona Placida, qui avait fermé la persienne, voulait fermer aussi la porte de l'intérieur ; moi, je me disposais à attendre Lobo Névès. Ce ne fut qu'un instant. Virgilia revint à elle, me poussa dans la chambre, dit à Dona Placida de retourner à la fenêtre. Notre confidente obéit.

C'était lui. Dona Placida lui ouvrit la porte avec des exclamations d'étonnement :

– Monsieur ici ! Quel honneur pour la maison de sa pauvre vieille ! Entrez, je vous prie. Devinez qui est ici... Il n'y a pas à deviner, Monsieur n'est pas venu pour un autre motif... Venez, Yaya.

Virgilia, qui était dans un coin, s'élança vers son mari. Je les épiais par le trou de la serrure. Lobo Névès entra lentement, pâle, froid, calme, sans éclats, sans emportement et jeta un coup d'œil circulaire autour de la salle.

– Comment ? s'exclama Virgilia. Vous ici ?

– Je passais, j'ai vu Dona Placida à la fenêtre et je suis entré la saluer.

– Grand merci, répondit celle-ci. Et l'on dit que les vieilles ne comptent pas... Voyez plutôt ! Yaya en est jalouse. Et la cajolant : – C'est ce petit ange qui n'oublie pas sa vieille Placida. Pauvre petite ! c'est tout le portrait de sa mère... Monsieur le docteur ne veut pas s'asseoir...

– Non, je ne reste pas.

– Vous allez à la maison ? dit Virgilia. Allons ensemble.

– Allons.

– Donnez-moi mon chapeau, Dona Placida.

– Voilà.

Dona Placida alla chercher un miroir, l'ouvrit devant elle. Virgilia mettait son chapeau, nouait des rubans, arrangeait ses cheveux, tout en parlant à son mari, qui ne répondait rien. Notre bonne vieille bavardait un peu trop, pour dissimuler ses transes. Virgilia, le premier moment passé, avait repris possession d'elle-même.

– Je suis prête, dit-elle. Adieu Dona Placida, n'oubliez pas de venir, n'est-ce pas ?

L'autre promit et leur ouvrit la porte.

105
Équivalence des fenêtres

Dona Placida ferma la porte et s'affala sur une chaise. Je sortis aussitôt de la chambre à coucher et fis deux pas vers la porte de la rue, pour aller arracher Virgilia à son mari. Ce fut du moins ce que je dis, et je fis bien de le dire, car Dona Placida me retint par le bras. Par la suite, il m'est arrivé parfois de penser que je n'avais parlé ainsi que pour être retenu par elle. Mais la simple réflexion suffit à montrer que, après dix minutes passées dans la chambre, le geste le plus naturel, le plus spontané ne pouvait être que celui-là. Et cela en vertu de cette fameuse loi de l'équivalence des fenêtres, que j'ai eu la satisfaction de découvrir et de formuler au chapitre 51. J'avais besoin d'aérer ma conscience. La chambre à coucher avait été une fenêtre fermée ; j'en ouvris une autre avec le geste de sortir et je respirai.

106
Nostalgie

Je respirai et je m'assis. Dona Placida emplissait le salon de cris et de lamentations, que j'écoutais sans rien dire. Je réfléchissais, me demandant s'il n'aurait pas mieux valu enfermer Virgilia dans la chambre et rester moi-même au salon ; mais je compris bien vite que c'eût été pire. Cela eût confirmé les soupçons, mis le feu aux poudres, et une scène sanglante... C'était beaucoup mieux ainsi. Mais ensuite ? Qu'allait-il se passer chez Virgilia ? Son mari allait-il la tuer ? la frapper ? l'enfermer ? la chasser ? Tous ces points d'interrogation traversaient lentement mon cerveau, comme les points et les virgules obscurs qui traversent le champ visuel des yeux malades ou fatigués. Ils allaient, venaient, avec leur aspect sec et tragique, et j'étais dans l'impossibilité d'en saisir un et de lui dire : c'est toi et pas un autre.

Soudain j'aperçois une silhouette noire ; c'était Dona Placida, qui avait été dans sa chambre enfiler une mantille et venait s'offrir à aller chez Lobo Névès. Je lui fis observer que c'était risqué, qu'une visite si rapide lui paraîtrait suspecte.

— Soyez sans crainte, me dit-elle, je saurai m'arranger. S'il est à la maison, je n'entre pas.

Elle sortit. Je restai à ruminer l'incident et ses conséquences possibles. Au bout du compte, il me paraissait que je jouais un jeu dangereux, je me demandais si l'heure n'était pas venue de me secouer et de changer d'air. Je me sentais pris d'une nostalgie de mariage, d'un désir de canaliser ma vie. Pourquoi pas ? Mon cœur avait encore des régions à explorer, je ne me sentais pas incapable d'un amour chaste, honnête et pur. À vrai dire, les aventures constituent la partie torrentielle et vertigineuse de la vie, c'est-à-dire l'exception ; j'en étais dégoûté ; je ne pourrais même pas dire si j'avais quelque remords. À peine ces idées dans mon esprit, je me laissai entraîner par mon imagination ; je me voyais déjà marié, aux côtés d'une femme adorable, devant un bébé qui dormait sur les genoux de sa nourrice, tous trois au fond d'un jardin verdoyant, ombragé, fixant des yeux à travers les arbres un petit triangle de ciel bleu, tellement bleu...

107
Billet

« Il n'y a rien eu, mais il soupçonne quelque chose. Il est préoccupé et ne parle pas. Pour l'instant, il est sorti. Il n'a souri qu'une fois, à Nhonhô, après l'avoir regardé longtemps d'un air sombre. Avec moi, il n'a été ni bien ni mal. Je ne sais ce qui va se passer. Dieu veuille que cela passe. Beaucoup de prudence, pour le moment, beaucoup de prudence. »

108
Difficile à comprendre

Et voilà le drame, voilà le bout de l'oreille tragique de Shakespeare. Ce petit morceau de papier froissé, griffonné, en partie illisible, était un document dont je ne ferai l'analyse ni dans ce chapitre, ni dans le suivant, ni peut-être dans tout le reste du livre. Pourrais-je priver le lecteur du plaisir de noter par lui-même la froideur, la perspicacité, l'intention de ces quelques lignes tracées à la hâte ; et, derrière ces lignes, la tempête dans un autre cerveau, la rage dissimulée, le désespoir qui se contraint et qui médite, ayant à choisir entre la boue, le sang ou les larmes ?

Quant à moi, si je vous dis que je lus le billet trois ou quatre fois ce jour-là, vous pouvez le croire, c'est la vérité. Si je vous dis que je le relus le jour suivant, avant et après le déjeuner, vous pouvez encore le croire, c'est la réalité pure. Mais si je vous parle de l'émotion ressentie, doutez un peu de l'assertion et ne l'acceptez pas sans preuves. Ni sur le moment, ni maintenant encore, je n'ai pu discerner ce que j'éprouvai. C'était de la crainte et ce n'était pas de la crainte ; c'était de la pitié et ce n'était pas de la pitié ; c'était de la vanité et ce n'était pas de la vanité ; enfin c'était de l'amour sans amour, c'est-à-dire sans délire. Et tout cela donnait une chose assez complexe et vague, une chose que vous ne pourrez comprendre, comme moi-même je ne la compris pas. Supposons que je n'ai rien dit.

109
Le philosophe

Sachant que je relus la lettre avant et après le déjeuner, on peut en déduire que je déjeunai et j'ajouterai seulement que ce repas fut un des plus frugaux de ma vie : un œuf, un morceau de pain et une tasse de thé. Je n'ai pas oublié ce détail minime ; entre tant de choses importantes enfuies de ma mémoire, ce déjeuner a échappé à l'oubli. La raison principale pourrait en être précisément mon infortune du moment. Mais non ; la principale raison fut la réflexion que me fit Quincas Borba, dont je reçus la visite ce jour-là. Il me dit que la frugalité n'était pas nécessaire pour comprendre l'Humanitisme et moins encore pour le pratiquer ; que cette philosophie s'accommodait facilement des plaisirs de la vie, y compris la bonne chère, le théâtre et l'amour ; la frugalité, au contraire, pouvait être l'indice d'une certaine tendance à l'ascétisme, expression achevée de la sottise humaine.

— Voyez saint Jean, continua-t-il ; il subsistait de sauterelles dans le désert, au lieu d'engraisser tranquillement dans la ville et de faire maigrir le pharisaïsme dans la synagogue.

Dieu me garde de conter l'histoire de Quincas Borba, que, d'ailleurs, j'entendis tout entière en cette triste circonstance, une histoire longue et compliquée, mais intéressante. Et si je ne conte pas l'histoire, je m'abstiens de même de décrire le personnage, très différent de celui qui m'était apparu au Jardin Public. Je me tais. Je dirai seulement que si la caractéristique de l'homme ne réside pas dans le physique, mais dans le vêtement, ce n'était pas Quincas Borba : c'était un magistrat sans toge, un général sans uniforme, un négociant sans *déficit*. Je notai la coupe de la redingote, la blancheur de la chemise, l'élégance de la chaussure. La voix même, jadis rauque, semblait avoir repris la sonorité primitive. Quant aux gestes, sans avoir perdu la vivacité d'autrefois, ils n'étaient plus désordonnés, se pliaient à une certaine méthode. Mais je ne veux pas le dépeindre. Parler, par exemple, du bouton d'or qu'il portait à son plastron ou de la qualité du cuir de ses bottes, exigerait une description que j'omets par souci de brièveté. Contentez-vous de savoir qu'il portait des bottes vernies. Sachez de plus qu'il avait hérité un certain nombre de contos de reis d'un vieil oncle de Barbacéna.

Mon esprit (que l'on me permette ici une comparaison empruntée à l'enfance !) mon esprit, en cette occasion, était comme un volant. Le récit de Quincas Borba lui donnait un coup de raquette, il montait ; sur le point de tomber, le billet de Virgilia, d'une nouvelle impulsion, le relançait en l'air ; il redescendait et l'épisode du Jardin Public le relevait encore d'un coup de raquette, également vigoureux et efficace. Je crois ne pas être né pour ces situations complexes. Ces tiraillements de droite et de gauche de choses opposées me déséquilibraient. J'avais envie d'empaqueter Quincas Borba, Lobo Névès et le billet de Virgilia dans la même philosophie et d'en faire cadeau à Aristote. Cependant l'exposé de notre philosophe était instructif ; j'admirais surtout le talent d'observation avec lequel il décrivait la gestation et la croissance du vice, les luttes intérieures, les lentes capitulations l'accoutumance à la fange.

— Tenez, observa-t-il, la première nuit que je passai sur l'escalier de Saint-François, je dormis d'un somme, comme dans la plume la plus douce. Pourquoi ? Parce que j'étais allé graduellement du lit de nattes au lit de planches, de la chambre particulière au corps de garde, du corps de garde à la rue...

Il voulut m'exposer finalement sa philosophie. Je lui demandai de n'en rien faire.

— Je suis très préoccupé aujourd'hui et je ne pourrais y prêter attention. Venez un de ces jours, je suis toujours chez moi.

Quincas Borba sourit d'un air malicieux ; peut-être avait-il connaissance de mon aventure, mais il n'ajouta rien. Il me dit seulement, sur le pas de la porte, ces dernières paroles :

— Venez à l'Humanitisme. Il est le grand refuge des esprits, la mer éternelle en laquelle j'ai plongé pour en arracher la vérité. Les Grecs la faisaient sortir d'un puits. Quelle conception mesquine ! Un puits ! Mais c'est pour cela qu'ils ne l'ont jamais rencontrée. Grecs, anti-Grecs, sous-Grecs, les hommes se sont tous penchés à tour de rôle sur ce puits pour en voir sortir la vérité qui n'y était pas. Ils y ont dépensé en vain seaux et cordes. Quelques-uns, plus audacieux, sont descendus au fond et en ont ramené un crapaud. Moi, je suis allé tout droit à la mer. Venez à l'Humanitisme.

110

31

Une semaine après, Lobo Névès fut nommé président de province. Je me raccrochai à l'espoir d'un refus, si le décret paraissait de nouveau à la date du 13. Mais il porta la date du 31 et cette simple transposition de chiffres suffit à en éliminer toute substance diabolique. Oh profondeur des mobiles de l'existence humaine !

111
Le mur

Comme il n'est pas dans mes habitudes de rien cacher ou de rien dissimuler, je conterai ici l'incident du mur. Lobo Névès et Virgilia étaient sur le point d'embarquer. En entrant chez Dona Placida, je trouve sur la table un papier plié ; c'était un billet de Virgilia. Elle me disait qu'elle m'attendait à la nuit, dans le jardin, sans faute. Et elle ajoutait : « Le mur est bas du côté de la ruelle. »

J'eus un geste de mauvaise humeur. La lettre me parut d'une témérité excessive, insensée et même ridicule. Ce n'était pas seulement ouvrir la porte au scandale, c'était l'ouvrir en même temps à la risée publique. Je m'imaginais sautant le mur, même bas, même du côté de la ruelle ; et, au moment de le franchir, je me voyais arrêté par un agent, qui me conduirait au poste de police. Le mur est bas ! Et que m'importait qu'il fût bas ! Évidemment Virgilia n'avait pas réfléchi à ce qu'elle faisait ; peut-être regrettait-elle déjà sa lettre. Je considérai le papier, un bout de papier chiffonné mais inflexible. Je me sentis démangé du désir de le déchirer en trente mille morceaux et de les jeter au vent, comme la dernière dépouille de mon aventure. Je m'arrêtai à temps ; l'amour-propre, la honte d'une dérobade, l'idée du risque... Il n'y avait rien d'autre à faire qu'à y aller.

— Dites-lui que j'irai.

— Où cela ? demanda Dona Placida.

— Au rendez-vous qu'elle me donne.

— Elle ne m'a rien dit.

— Ce papier...

Dona Placida écarquilla les yeux :

— Ce papier... mais je l'ai trouvé ce matin dans votre tiroir et j'ai pensé que...

Je ressentis en moi une impression exquise. Je relus le papier, le regardai, le regardai encore ; c'était en effet un ancien billet de Virgilia, datant du début de nos amours, une certaine entrevue dans le jardin, où je m'étais rendu effectivement en sautant le mur, un petit mur bas, discret. Je gardai le papier et... Je ressentis une impression exquise.

112
L'opinion

Mais il était écrit que cette journée devrait être celle des conjonctures incertaines. Quelques heures après je rencontrai Lobo Névès rue Ouvidor. Nous causâmes de la présidence et de la politique. Il profita de la première personne de connaissance qui passa à côté de nous, pour me quitter après d'aimables salutations. Il semblait — je me le rappelle — assez réservé, mais d'une réserve qu'il s'efforçait de dissimuler. Il me parut alors (et je demande pardon à la critique, si je fais un jugement téméraire !), il me parut qu'il avait peur — peur non de moi, ni de lui, ni du code, ni de sa conscience : il avait peur de l'opinion. Je me dis que ce tribunal anonyme et invisible, dont chaque membre est accusateur et juge, était la limite assignée à la volonté de Lobo Névès. Peut-être n'aimait-il plus sa femme ; et il se peut ainsi fort bien que son cœur eût été étranger à l'indulgence de ses derniers actes. Je pense (et de nouveau je fais appel à la bienveillance de la critique !), je pense qu'il aurait été disposé à se séparer de sa femme, comme le lecteur se sera séparé de beaucoup de relations personnelles. Mais l'opinion, cette opinion qui pouvait traîner sa vie à travers toutes les rues, ouvrir sur son cas une enquête minutieuse, recueillir un à un tous les antécédents, circonstances, preuves, inductions, les discuter dans les conversations de toutes les maisons désœuvrées, cette terrible opinion, si curieuse du mystère des alcôves, s'opposait à la dispersion de la famille. En même temps, elle rendait impossible la vengeance, qui eût été la divulgation. Il ne pouvait me manifester du ressentiment, sans aller jusqu'à la séparation conjugale ; il lui fallait donc simuler l'ignorance d'autrefois et, par conséquent, afficher toujours les mêmes sentiments.

Qu'il lui en coûtat, je le crois sans peine ; en ces jours-là, surtout, il devait lui être très pénible de me voir. Mais le temps (et sur ce point encore j'escompte l'indulgence des penseurs !), le temps endurcit la sensibilité et oblitère la mémoire des choses ; il était permis de supposer que les années émousseraient les épines, que l'éloignement des faits en estomperait les contours, que l'ombre d'un doute rétrospectif recouvrirait la nudité de la réalité et enfin que l'opinion s'occuperait un peu d'autres aventures. Le fils, en grandissant, chercherait à satisfaire les ambitions du père, il hériterait de toutes ses affections. Cela, et l'activité extérieure, et la considération publique, puis la vieillesse, la maladie, le déclin, la mort, un office religieux, une notice biographique, et voilà fermé le livre de la vie, sans aucune page sanglante.

113
La soudure

La conclusion — si le chapitre antérieur peut en comporter une — c'est que l'opinion est une bonne soudure des institutions domestiques. Il n'est pas impossible que je développe cette pensée avant la fin du livre. Mais il n'est pas impossible non plus que je la laisse telle quelle. De toute façon, c'est une bonne soudure que l'opinion, tant dans l'ordre domestique que dans l'ordre politique. Quelques métaphysiciens atrabilaires en sont arrivés à la donner comme une simple production de gens futiles ou médiocres. Mais il est bien évident que, même si une conception aussi excessive ne portait pas en elle-même sa réfutation, il suffirait de considérer les effets salutaires de l'opinion pour conclure qu'elle est une œuvre extra-fine, due à l'élite de l'humanité, c'est-à-dire au plus grand nombre.

114
Fin de dialogue

— Oui, c'est demain. Vous viendrez à bord ?
— Vous êtes folle ? C'est impossible.
— Alors, adieu !
— Adieu !

— N'oubliez pas Dona Placida. Allez la voir quelquefois. La malheureuse ! Elle est venue hier prendre congé de nous. Elle a beaucoup pleuré, elle m'a dit que je ne la reverrais pas... C'est une bonne créature, n'est-ce pas ?

— Assurément.

— Si nous avons à écrire, elle recevra les lettres. Et maintenant au revoir, à...

— À deux ans, peut-être ?

— Comment ! il dit qu'il va là-bas seulement pour faire les élections.

— Oui ? Alors à bientôt. Attention, on nous regarde...

— Qui ?

— Là, sur le sopha. Séparons-nous.

— Il m'en coûte beaucoup, vous savez ?

— Il le faut. Adieu, Virgilia !

— À bientôt. Adieu !

115
Le déjeuner

Je n'assistai pas au départ. Mais, à l'heure fixée, je ressentis quelque chose qui n'était pas de la douleur ni du plaisir, une chose mixte, soulagement et regret, mêlés, à doses égales. Que le lecteur ne s'irrite pas de cette confession. Je sais bien que, pour chatouiller les nerfs de son imagination, je devrais souffrir d'un profond désespoir, répandre quelques larmes et m'abstenir de déjeuner. Ce serait romanesque, mais ce ne serait pas biographique. La réalité pure est que je déjeunai comme les autres jours, soignant mon cœur avec les souvenirs de mon aventure et mon estomac avec les plats fins de M. Prudhon...

... Vieilles gens de mon temps, vous souvient-il par hasard ce maître-cuisinier de l'Hôtel Pharoux, un personnage qui, au dire du maître de la maison, avait servi chez les fameux Véry et Véfour, de Paris, et dans les palais du comte Molé et du duc de la Rochefoucauld ? C'était un sujet remarquable. Il arriva à Rio de Janeiro avec la polka... La polka, M. Prudhon, Tivoli, le bal des étrangers, le Casino, voici quelques-uns des meilleurs souvenirs de ce temps. Mais, par-dessus tout, les plats de maître Prudhon étaient exquis.

Ils l'étaient, et ce matin-là, il semblait que le diable d'homme eût deviné la catastrophe. Jamais le génie et l'art ne lui avaient été si propices. Quelle recherche d'assaisonnements ! quelle tendresse de chair ! quel souci de la présentation ! Cela se mangeait avec la bouche, avec les yeux, avec les narines. Je n'ai pas gardé l'addition, mais je sais qu'elle fut élevée. Ô douleur ! il fallait bien enterrer magnifiquement mes amours. Elles s'en allaient par-delà la mer, dans l'espace et dans le temps, et je restais ici, à un bout de table, avec mes quarante et quelques années, si vaines et si vides ; elles s'en allaient et je restais, pour ne plus jamais les revoir, car *elle* pourrait revenir et *elle* revint en effet, mais les effluves du matin, qui donc les a jamais demandés au crépuscule ?

116
Philosophie des vieilles feuilles

La fin du dernier chapitre m'a laissé si triste que je me sentirais capable de ne pas écrire celui-ci, de me reposer un peu, de purger mon esprit de la mélancolie qui l'embarrasse, avant de continuer. Mais non, je ne veux pas perdre de temps.

Le départ de Virgilia mit autour de moi une atmosphère de veuvage. Les premiers jours je restai chez moi, à attraper les mouches, comme faisait Domitien (si Suétone n'a pas menti), mais à les attraper d'une façon particulière : avec les yeux. Je les attrapais une à une, au fond d'une grande salle, allongé dans un hamac, un livre ouvert entre les mains. C'était tout : souvenirs, regrets, ambitions, un peu d'ennui et beaucoup de rêverie vagabonde. Mon oncle le chanoine mourut à ce moment-là, puis deux cousins. Je ne m'en montrai pas très ému, je les conduisis au cimetière, comme on porte de l'argent à une banque. Que dis-je ? comme on porte des lettres à la poste : je fermai les enveloppes, je les mis dans la boîte et laissai au postier le soin de les remettre en mains propres. À cette époque également naquit ma nièce Vénancia, fille de Cotrim. Les uns mouraient, les autres naissaient : je continuais à chasser les mouches.

Parfois, je m'agitais. Je fouillais mes tiroirs, j'en sortais les anciennes lettres de mes amis, de mes parents, de mes amoureuses (même celles de Marcella), je les ouvrais toutes, je les lisais une à une, je recomposais le passé... Lecteur ignorant, si tu ne gardes pas les lettres de ta jeunesse, tu ne connaîtras pas un jour la philosophie des vieilles feuilles, tu ne goûteras pas le plaisir de te revoir au loin, dans la pénombre, avec un chapeau à trois cornes, des bottes de sept lieues et une barbe assyrienne, dansant au son d'une flûte anacréontique. Garde les lettres de ta jeunesse !

Ou, si le tricorne ne te plaît pas, j'userai de l'expression d'un vieux marin, familier de la maison de Cotrim ; je dirai que si tu gardes les lettres de ta jeunesse, tu te ménageras l'occasion de chanter une « saudade »[1]. Il paraît que nos marins donnent ce nom aux chansons de terre entonnées en haute mer. Comme expression poétique, on ne peut rien demander de plus triste.

1. *Saudade*, mot intraduisible, spécifiquement portugais et brésilien, qui signifie à la fois « doux souvenir, regret de l'absence, tendre mélancolie, désir d'un bien dont on est privé ».

117
L'humanitisme

Deux forces cependant — sans compter une troisième — me poussaient à me replonger dans la vie agitée d'autrefois : Sabina et Quincas Borba. Ma sœur prit en mains la candidature conjugale de Nhã-lolo et la fit progresser avec une telle vitesse que, lorsque j'y prêtai attention, j'avais la jeune fille pour ainsi dire sur les bras. Quant à Quincas Borba, il m'exposa enfin l'Humanitisme, système philosophique destiné à renverser tous les autres systèmes.

— Humanitas, disait-il, principe des choses, n'est autre que l'homme même, réparti entre tous les hommes. Humanitas présente trois phases : la *statique*, antérieure à toute création ; l'*expansive*, origine des choses ; la *dispersive*, apparition de l'homme ; et il en comptera encore une, la *contractive*, absorption de l'homme et des choses. L'*expansion*, donnant naissance à l'univers suggère à Humanitas le désir d'en jouir, et de là *dispersion*, qui n'est que la multiplication personnifiée de la substance originelle.

Comme cet exposé ne me paraissait pas très clair, Quincas Borba le développa de façon approfondie, en insistant sur les grandes lignes du système. Il m'expliqua que, par certain côté, l'Humanitisme se reliait au Brahmanisme, pour ce qui concerne la distribution des hommes à travers les différentes parties du corps de Humanitas ; mais ce qui, dans la religion hindoue, n'avait qu'une étroite signification théologique et politique, était dans l'Humanitisme la grande loi de la valeur personnelle. Ainsi, descendre de la poitrine ou des reins de Humanitas, c'est-à-dire être *un fort*, n'était pas la même chose que descendre des cheveux ou du bout du nez. De là, la nécessité de cultiver et de tremper le muscle. Hercule ne fut qu'un symbole anticipé de l'Humanitisme. Sur ce point, Quincas Borba pensait que le paganisme aurait pu parvenir à la vérité, s'il n'avait pas rabaissé sa valeur par la légèreté de ses mythes. Rien de pareil n'arriverait à l'Humanitisme. Dans cette église nouvelle, pas d'aventures faciles, pas de chutes, pas de tristesses, pas de joies puériles. L'amour, par exemple, est un sacerdoce, la reproduction un rituel. Comme la vie est le plus grand bienfait du monde, comme il n'y a pas un mendiant qui ne préfère la misère à la mort (ce qui est l'effet d'un délicieux influx de Humanitas), il s'ensuit que la transmission de la vie, loin d'être un acte de luxure, est l'heure suprême de la messe spirituelle. En somme, il n'existe vraiment qu'un seul malheur : c'est de ne pas naître.

— Imagine, par exemple, que je ne sois pas né, continua Quincas Borba ; il est positif que je n'aurais pas maintenant le plaisir de causer avec toi, de manger cette pomme de terre, d'aller au théâtre et, pour tout dire en un mot : de vivre. Note bien que je ne fais pas de l'homme un simple véhicule de Humanitas : non, il est à la fois véhicule, cocher et passager, il est Humanitas lui-même en réduction. D'où la nécessité de s'adorer soi-même. Veux-tu une preuve de la supériosité de mon système ? Considère l'envie. Il n'est pas de moraliste grec ou turc, chrétien ou musulman, qui n'accable de ses foudres le sentiment de l'envie. L'accord sur ce point est universel, depuis les campagnes de l'Idumée jusqu'aux hauteurs de Tijuca. Eh bien ! libère-toi des vieux préjugés, des rhétoriques rebattues, et étudie l'envie, ce sentiment si subtil et si noble. Chaque homme étant une réduction de Humanitas, il est clair qu'aucun homme n'est foncièrement opposé à un autre homme, quelles que puissent être les apparences contraires. Ainsi, par exemple, le bourreau qui exécute le condamné peut soulever la vaine clameur des poètes, mais substantiellement il est Humanitas qui corrige en Humanitas une infraction à la loi de Humanitas. J'en dirai autant de l'individu qui en étripe un autre : c'est une manifestation de la force de Humanitas. Rien ne s'oppose (et il y a des exemples) à ce qu'il soit lui-même étripé. Si tu me suis bien, tu comprendras facilement que l'envie n'est qu'une admiration qui lutte et que la lutte étant la grande fonction du genre humain, les sentiments belliqueux sont les plus adéquats à sa félicité. D'où il résulte que l'envie est une vertu.

Pourquoi le nier ? j'étais stupéfait. La clarté de l'exposition, la logique des principes, la rigueur de la déduction, tout cela me paraissait supérieurement grand, et il me fallut suspendre la conversation quelques minutes, pendant que je digérais la philosophie nouvelle. Quincas Borba pouvait à peine dissimuler la joie de son triomphe. Il avait dans son assiette une aile de poulet, qu'il croquait avec une sérénité philosophique. Je lui fis encore quelques objections, mais si faibles qu'il ne mit pas longtemps à les démolir.

— Pour bien comprendre mon système, conclut-il, il importe de ne jamais perdre de vue le principe universel, réparti et résumé en chaque homme. Tiens : la guerre, qui semble une calamité, est une opération normale ; c'est, pour ainsi dire, un simple claquement de doigts de Humanitas ; la faim (et il suçait philosophiquement son aile de poulet), la faim est une épreuve à laquelle Humanitas soumet ses propres viscères. Mais je ne veux pas d'autre preuve de la sublimité de mon système que ce poulet lui-même. Il a été nourri de maïs, planté par un noir, que nous supposerons importé d'Angola. Ce nègre naquit, grandit, fut vendu. Il fut amené ici par un navire construit avec du bois coupé dans la forêt par dix ou douze hommes, mû par des voiles que tissèrent huit ou dix hommes, sans parler des cordages ni des autres apparaux. Ainsi ce poulet, dont je viens de déjeuner, est le résultat d'une multitude d'efforts et de luttes, accomplis dans le seul but de mettre échec et mat mon appétit.

Entre le fromage et le café, Quincas Borba me démontra que

son système aboutissait à la destruction de la douleur. La douleur, selon l'Humanitisme, est une pure illusion. Quand un enfant est menacé du bâton, avant même d'avoir été frappé, il ferme les yeux et tremble ; cette *prédisposition* forme la base de l'illusion humaine, transmise par l'hérédité. Pour en finir immédiatement avec la douleur, l'adoption du système n'est certainement pas suffisante, mais elle est indispensable. Le reste est affaire de l'évolution naturelle des choses. Une fois bien convaincu qu'il est le propre Humanitas, l'homme n'a qu'à remonter par la pensée à la substance originelle pour mettre obstacle à toute sensation douloureuse. Mais cette évolution sera si profonde, qu'on peut à peine lui assigner quelques milliers d'années.

Quelques jours après, Quincas Borba me lut son grand ouvrage. C'étaient quatre volumes manuscrits de cent pages chacun, d'écriture serrée, avec des citations latines. Le dernier volume consistait en un traité politique, fondé sur l'Humanitisme ; c'était peut-être la partie la plus indigeste du système, bien que conçue suivant une logique d'une rigueur étonnante. La réorganisation de la société sur ces bases ne devait pas entraîner par elle-même la suppression de la guerre, de la révolution, du coup de couteau anonyme ou du simple coup de poing ; de la misère, de la faim, de la maladie ; mais ces supposés fléaux étant au fond des malentendus de l'esprit, puisqu'ils ne pouvaient être que des mouvements externes de la substance intérieure, destinés à n'avoir d'influence sur l'homme que comme simple rupture de l'universelle monotonie, il était clair que leur existence n'empêcherait pas le bonheur de l'humanité. Mais alors même que ces fléaux (ce qui était radicalement faux) correspondraient encore dans l'avenir à la mesquine conception des anciens temps, le système n'en serait pas détruit par cela, et pour deux raisons : 1° parce que, Humanitas étant la substance créatrice et absolue, chaque individu devrait trouver la plus grande jouissance du monde à se sacrifier au principe dont il descend ; 2° parce que cela même ne diminuerait pas le pouvoir spirituel de l'homme sur la terre, laquelle a été inventée uniquement pour son agrément personnel, les étoiles aussi bien que la brise, les dattes aussi bien que la rhubarbe. Pangloss, me dit-il en fermant le livre Pangloss n'était pas aussi sot que l'a dépeint Voltaire.

118
La troisième force

La troisième force qui m'entraînait dans le tourbillon, c'était le désir de briller et surtout l'incapacité de vivre seul. La foule m'attirait, les applaudissements m'enivraient. Si l'idée de l'emplâtre m'était venue à cette époque, qui sait ? je ne serais pas mort au même moment et je serais célèbre. Mais ce ne fut pas l'idée de l'emplâtre qui me vint ; ce qui vint, ce fut le désir de m'agiter en quelque chose, avec quelque chose et pour quelque chose.

119
Parenthèse

Je veux intercaler ici, entre parenthèses, une demi-douzaine de maximes, parmi les nombreuses que j'écrivis à cette époque.

Ce sont de simples bâillements d'ennui : elles peuvent servir d'épigraphe à des discours sans sujet.

* *

On supporte avec patience la colique du voisin.

* *

Nous tuons le temps ; le temps nous enterre.

* *

Un cocher philosophe avait l'habitude de dire que le plaisir d'aller en carrosse serait très diminué, si tout le monde allait en carrosse.

* *

Crois en toi ; mais ne doute pas toujours des autres.

* *

On ne comprend pas qu'un sauvage se perce la lèvre pour l'orner d'un morceau de bois. Cette réflexion est d'un bijoutier.

* *

Ne sois pas irrité, si tu es mal payé d'un bienfait : mieux vaut tomber du haut de ses illusions que d'un troisième étage.

120
Compelle intrare

– Non, monsieur, cette fois, que vous le vouliez ou non, vous vous marierez, me dit Sabina. Quel bel avenir ! Célibataire, sans enfants !

Sans enfants ! L'idée d'avoir des enfants me fit sursauter ; je sentis passer de nouveau le fluide mystérieux. Oui, il convenait d'être père. La vie de célibataire pouvait présenter certains avantages particuliers, mais ils étaient faibles, achetés au prix de la solitude. Sans enfants ! Non, impossible. Je résolus de tout accepter, même la parenté avec Damascéno. Sans enfants ! Comme j'avais placé déjà une grande part de ma confiance en Quincas Borba, j'allai le voir et lui exposai mes troubles intérieurs de paternité. Le philosophe m'écouta avec ravissement ; il me déclara que Humanitas s'agitait en mon sein ; il m'encouragea au mariage ; c'était, expliqua-t-il, de nouveaux convives qui frappaient à la porte, etc. *Compelle intrare*, comme disait Jésus. Et il ne me quitta pas sans m'avoir prouvé que l'apologue évangélique n'était qu'une pré-annonce de l'Humanitisme, interprétée de façon erronée par l'Église.

121
Au bas de la colline

Au bout de trois mois, tout allait à merveille. Le fluide, Sabina, les yeux de la jeune fille, les désirs du père étaient tout autant d'impulsions qui me menaient au mariage. Le souvenir de Virgilia apparaissait de temps en temps à la porte, et avec lui un diable noir qui me mettait devant les yeux un miroir où je voyais au loin Virgilia toute en larmes ; mais un autre diable survenait, un diable rose, avec un autre miroir où se réflétait la figure de Nhã-lolo, tendre, lumineuse, angélique.

Quant au poids des années, je n'en parle pas, je ne le sentais plus. Je dirai même que je m'en étais débarrassé, un certain dimanche, où j'étais allé à la messe à la Chapelle de la Délivrance. Comme Damascéno demeurait aux Cajueiros, je les accompagnais souvent à la messe. La colline ne portait encore aucune habitation, sauf le vieux palais du haut, où était la chapelle. Donc un dimanche, en descendant avec Nhã-lolo à mon bras, je ne sais quel phénomène me fit laisser ici deux années, là quatre, plus loin cinq, si bien qu'en arrivant au bas il ne m'en restait plus que vingt, pleines de leur ardeur d'autrefois.

Si maintenant vous voulez connaître les circonstances qui entourèrent le phénomène, vous n'avez qu'à lire ce chapitre jusqu'au bout. Nous revenions de la messe, elle, son père et moi. À mi-pente de la colline, nous aperçûmes un rassemblement. Damascéno, qui marchait à nos côtés, comprit ce que c'était et s'approcha très intéressé, nous derrière lui. Et voici ce que nous vîmes : des hommes de tous âges, de toutes tailles, de toutes couleurs, les uns en manches de chemise, d'autres en veston, d'autres affublés de redingotes dépenaillées, en des attitudes diverses, les uns accroupis, les autres les mains appuyées sur les genoux, ceux-ci assis sur des pierres, ceux-là adossés à un mur et tous avec les yeux fixés sur le centre du cercle et les âmes penchées au bord des pupilles.

— Qu'est-ce que c'est ? me demanda Nhã-lolo.

Je lui fis signe de se taire. J'ouvris adroitement le chemin et tous me laissèrent passer sans qu'aucun m'eût positivement vu. Le centre retenait tous les regards. C'était un combat de coqs. J'aperçus les deux combattants, deux coqs aux ergots pointus, à l'œil de feu, au bec acéré. Tous deux agitaient leurs crêtes en sang, tous deux avaient la gorge déplumée et ensanglantée. La fatigue les gagnait. Mais ils luttaient tout de même, les yeux dans les yeux, bec en haut, bec en bas, un coup ici, un coup là, vibrants de rage, Damascéno ne connaissait plus rien, le spectacle éliminait pour lui tout l'univers. En vain lui disais-je qu'il était temps de descendre : il ne répondait pas, n'entendait pas, absorbé par la lutte. Le combat de coqs était une de ses passions.

À ce moment, Nhã-lolo me tira doucement par le bras, me disant de partir. Je suivis son conseil et nous reprîmes la descente. Je vous ai déjà dit que la colline était alors inhabitée ; je vous ai dit aussi que nous venions de la messe et, comme je n'ai pas parlé de pluie, il va de soi que le temps était beau, le soleil délicieux — et chaud. Si chaud, que je m'empressai d'ouvrir l'ombrelle, et la tenant par le milieu du manche, je l'inclinai de telle façon que j'ajoutai une page à la philosophie de Quincas Borba : Humanitas embrassant Humanitas... Et ce fut ainsi que mes années se mirent à tomber tout au long de la colline.

En bas, nous nous arrêtâmes quelques minutes pour attendre Damascéno. Il arriva peu après, entouré de parieurs avec lesquels il discutait le combat. Un d'eux, le trésorier, distribuait un vieux paquet de billets de dix testons, que les gagnants recevaient avec un double plaisir. Quant aux coqs, ils venaient aussi, sous les bras de leurs maîtres respectifs. L'un d'eux avait la crête si déchirée et sanglante que je le pris aussitôt pour le vaincu. Mais c'était une erreur : le vaincu était l'autre, qui n'avait plus de crête du tout. Tous deux, épuisés, respirant avec peine, avaient le bec ouvert. Les parieurs, au contraire, allaient gaiement, nonobstant les fortes émotions de la lutte. Ils faisaient la biographie des combattants, rappelaient leurs prouesses. Nous continuâmes notre route : moi, contrarié, Nhã-lolo, très contrariée.

122
Une intention très délicate

Ce qui contrariait Nhã-lolo, c'était son père... La facilité avec laquelle il s'était mêlé aux parieurs mettait en relief de vieilles habitudes, certaines affinités sociales, et Nhã-lolo en venait à craindre qu'un tel beau-père ne me parut indigne de moi. Elle faisait, d'elle-même, nettement la différence ; elle s'étudiait et elle m'étudiait. La vie élégante et mondaine l'attirait, surtout parce qu'elle lui paraissait le plus sûr moyen d'harmoniser nos personnes. Nhã-lolo observait, imitait, devinait ; elle s'efforçait en même temps de masquer l'infériorité de sa famille. Mais ce jour-là l'attitude de son père fut telle qu'elle l'attrista profondément. Je cherchai à la distraire de cet incident par quelques plaisanteries ou mots d'esprit de bon ton ; vains efforts, qui ne parvenaient pas à l'égayer. Si profond était son abattement, si visible son découragement, que je finis par attribuer à Nhã-lolo l'intention positive de séparer, dans mon esprit, la cause de son père de la sienne. Ce sentiment me parut d'une grande élévation ; c'était une affinité de plus entre nous.

— Il n'y a qu'une chose à faire, me dis-je en moi-même, c'est d'arracher cette fleur à ce bourbier.

123
Le véritable Cotrim

Malgré mes quarante et quelques années, comme je tenais à la parfaite harmonie de la famille, je ne voulus pas m'engager dans la voie du mariage, sans en avoir au préalable parlé à Cotrim. Il m'écouta et me répondit gravement qu'il n'avait pas d'avis à donner sur les affaires de ses parents. On pourrait le supposer intéressé en quelque manière, s'il lui arrivait de faire l'éloge des qualités de Nhã-lolo. Il préférait se taire. Bien plus : il était convaincu que sa nièce avait pour moi un amour véritable, mais si elle l'avait consulté, son avis eût été négatif. Il n'était guidé par aucun sentiment d'animosité ; il appréciait mes bonnes qualités, il ne se lassait pas d'en faire l'éloge, comme de justice ; et pour ce qui était de Nhã-lolo, il ne pouvait nier qu'elle fût une jeune fille parfaite ; mais de là à conseiller le mariage, il y avait un abîme.

— Je m'en lave entièrement les mains, conclut-il.

— Mais vous étiez d'avis l'autre jour que je devais me marier le plus tôt possible...

— Ceci est une autre question. J'estime qu'il est indispensable de se marier, surtout quand on a des ambitions politiques. En politique — sachez-le — le célibat est un obstacle. Mais pour ce qui est de la fiancée, je ne peux pas, je ne veux pas, je ne dois pas avoir d'avis, c'est une question de probité. Je crois que Sabina a passé outre, en vous faisant certaines confidences, à ce qu'elle m'a dit ; en tout cas, elle n'est pas, comme moi, apparentées par le sang à Nhã-lolo. Tenez... mais non... rien...

— Dites.

— Non, je ne dis rien.

Ce scrupule de Cotrim paraîtra peut-être excessif à qui ignore que la marque de son caractère était une honnêteté farouche. Personnellement j'avais été injuste envers lui durant les années qui avaient suivi l'inventaire paternel. Je dois reconnaître que cet homme était un modèle. On l'accusait d'avarice, et non sans raison, je crois ; mais l'avarice n'est que l'exagération d'une vertu et il en est des vertus comme des budgets : mieux vaut un excédent qu'un déficit. Assez dur dans sa façon d'être, ses ennemis allaient jusqu'à l'accuser de cruauté. L'unique fait allégué à cet égard était la facilité avec laquelle il envoyait ses esclaves au cachot, d'où ils sortaient couverts de sang ; mais, outre qu'il n'y envoyait que les pervers et les fuyards, il faut songer qu'il avait fait pendant longtemps la contrebande des esclaves, qu'il s'était en quelque sorte habitué à la méthode un peu violente requise par ce genre de commerce et que l'on ne peut honnêtement attribuer à la nature d'un homme ce qui n'est qu'une conséquence des rapports sociaux. Une preuve des sentiments humaines de Cotrim était son amour pour ses enfants et la douleur qu'il éprouva de la mort de sa fille Sara, survenue quelques mois plus tard ; preuve irréfutable, à mon sens, et non la seule. Il était trésorier d'une confrérie, membre de plusieurs associations religieuses et même membre bienfaiteur de l'une d'elles, ce qui ne s'accorde guère avec la réputation d'avarice. Il est vrai que le bienfait n'avait pas été perdu : l'association (dont il avait été président) avait fait faire son portrait à l'huile. Certes l'homme n'était pas parfait : il avait par exemple l'habitude de communiquer à la presse chaque acte de bienfaisance dont on lui était redevable — habitude répréhensible ou peu louable, je vous l'accorde. Mais il se disculpait en disant que la publicité rend les bonnes actions contagieuses : argument auquel on ne peut dénier une certaine valeur. Je crois même (et c'est faire son plus grand éloge) qu'il ne pratiquait, de temps à autre, la bienfaisance que dans le but d'éveiller la philanthropie chez les autres.

Si elle était son intention, il faut avouer que la publicité devenait une condition *sine qua non*. En somme, il devait peut-être quelques services, mais il ne devait pas un sou à personne.

124
Intermède

Qu'y a-t-il entre la vie et la mort ? Un simple pont. Cependant, si je ne composais pas ce chapitre, le lecteur éprouverait une pénible secousse, assez préjudiciable à l'effet du livre. Sauter d'un portrait à une épitaphe est chose courante dans la vie réelle ; mais le lecteur ne se réfugie dans un livre que pour échapper à la vie. Je ne prétends pas que cette pensée soit de moi : je prétends qu'il y a en elle une dose de vérité et que, tout au moins, la forme en est pittoresque. Et je le répète : elle n'est pas de moi.

125
Épitaphe

Ci-gît

D. EULALIA DAMASCENO DE BRITO

morte à l'âge de dix-neuf ans

PRIEZ POUR ELLE !

126
Affliction

L'épitaphe dit tout : mieux que si je vous contais la maladie de Nhã-lolo, sa mort, le désespoir de la famille, l'enterrement. Vous savez qu'elle mourut ; j'ajouterai qu'elle fut victime de la première apparition de la fièvre jaune. Je ne dirai rien de plus, sinon que je l'accompagnai à sa dernière demeure et que je lui dis adieu avec tristesse mais sans larmes. Vous pourrez en conclure que peut-être je ne l'aimais pas vraiment.

Et voyez à quels excès peut conduire l'incompréhension : j'éprouvai quelque irritation devant l'aveuglement de l'épidémie qui, tuant à droite et à gauche, avait emporté une jeune fille qui devait être ma femme ; je ne parvenais pas à comprendre la nécessité de l'épidémie et moins encore de cette mort. Je crois même qu'elle me parut encore plus absurde que toutes les autres morts. Mais Quincas Borba m'expliqua que les épidémies étaient utiles à l'espèce, bien que désastreuses pour une certaine catégorie d'individus. Il me fit remarquer que, pour horrible que fût le spectacle, il offrait un avantage appréciable : la survivance du plus grand nombre. Il en vint à me demander si, au milieu du deuil général, je ne ressentais pas un ravissement secret d'avoir échappé aux griffes de la maladie ; mais cette question était si ridicule qu'elle resta sans réponse.

Pas plus que la mort, je ne conterai la messe du septième jour. La douleur de Damascéno était profonde ; le pauvre homme semblait une ruine. Quinze jours plus tard, j'allai le voir ; il restait inconsolable. La terrible souffrance dont Dieu l'avait accablé avait encore été augmentée, me dit-il, par celle que lui avaient infligée les hommes. Il ne me dit rien de plus ce jour-là. Trois semaines après, revenant sur le sujet, il m'avoua que, dans cet irréparable malheur, il aurait trouvé une consolation dans la présence de ses amis. Or douze personnes seulement – les trois quarts amis de Cotrim – avaient accompagné au tombeau le corps de sa fille chérie. Et il avait fait envoyer quatre-vingts faire-part. Je lui fis observer que les décès étaient si nombreux que l'on pouvait bien excuser ce manque d'égards apparent. Damascéno secouait la tête, d'un air de doute et d'incrédulité.

– Non, gémissait-il, ils m'ont abandonné.

Cotrim, qui était présent, intervint :

– Sont venus ceux qui portent un intérêt sincère soit à vous, soit à nous. Les quatre-vingts invités seraient venus par politesse, auraient causé de l'inertie du gouvernement, des panacées des pharmaciens, du prix des maisons ou auraient parlé les uns des autres...

Damascéno écoutait sans rien dire. Il secoua de nouveau la tête et soupira :

– Mais que ne sont-ils venus !

127
De la formalité

C'est un grand privilège que d'avoir reçu du ciel une parcelle de sagesse, le don de découvrir les relations des choses, la faculté de les comparer et le talent de conclure ! Je détenais cette distinction dans l'ordre de l'esprit ; j'en rends grâce aujourd'hui encore du fond de mon sépulcre.

De fait l'homme vulgaire qui eût entendu la dernière parole de

Damascéno, ne s'en serait pas souvenu quelque temps après, en regardant une gravure représentant six dames turques. Moi, je m'en souvins. C'étaient six dames de Constantinople, modernes, en costume de ville, le visage voilé, non d'une étoffe épaisse qui l'eût véritablement couvert, mais d'un voile très fin qui semblait ne découvrir que les yeux et, en réalité, découvrait toute la figure. Et je trouvai charmante cette adresse de la coquetterie musulmane qui ainsi cache le visage – et se conforme aux traditions – mais ne le cache pas – et révèle la beauté. À première vue, il n'y a rien de commun entre les dames turques et Damascéno ; mais si tu es un esprit profond et pénétrant (et je doute fort que tu écartes cette supposition), tu comprendras, lecteur, que dans un cas comme dans l'autre apparaît le bout de l'oreille d'une rigide et douce compagne de l'homme social...

Formalité, aimable Formalité, tu es vraiment le soutien de la vie, le baume des cœurs, la médiatrice entre les hommes, le lien de la terre et du ciel ; tu essuies les yeux d'un père, tu captes l'indulgence d'un Prophète. Si la douleur s'endort et si la conscience s'accommode, à qui, sinon à toi, doit-on cet immense bienfait ? L'estime qui passe, le chapeau sur la tête, ne dit rien à l'âme ; mais l'indifférence qui salue vous laisse une délicieuse impression. La raison en est que, contrairement à une vieille formule absurde, ce n'est pas la lettre qui tue : la lettre donne la vie ; c'est l'esprit qui est l'objet de controverse, de doute, d'interprétation, et, par suite, de lutte et de mort. Honneur donc à toi, aimable Formalité, pour le repos de Damascéno et pour la gloire de Mahomet.

128
À la chambre

Et notez bien que je ne vis cette gravure turque que deux ans après la conversation avec Damascéno, et je la vis à la Chambre des députés, au milieu d'un grand brouhaha, pendant la discussion d'un rapport de la commission du budget par un de nos collègues — car j'étais moi-même député. Pour qui a lu ce livre, il est superflu d'exalter ma satisfaction, et, pour les autres, c'est tout aussi inutile. J'étais député et je regardais la gravure turque, allongé dans mon fauteuil, entre un collègue qui racontait une anecdote et un autre qui croquait au crayon sur le dos d'une enveloppe le profil de l'orateur. L'orateur était Lobo Névès. Le flot de la vie nous avait poussés à la même plage, comme deux bouteilles lancées par des naufragés, lui contenant son ressentiment, moi *devant* contenir mes remords ; j'emploie à dessein cette forme suspensive, dubitative ou conditionnelle, pour indiquer qu'en réalité je ne contenais rien du tout, si ce n'est l'ambition d'être ministre.

129
Sans remords

Je n'avais pas de remords. Si je possédais les appareils nécessaires, j'intercalerais dans ce livre une page de chimie, car il faudrait décomposer le remords en ses éléments les plus simples, afin de savoir, d'une façon positive et concluante, pour quelle raison Achille promenait autour de Troie le cadavre de son adversaire et lady Macbeth sa tache de sang autour d'une salle de son palais. Mais je n'ai pas plus d'appareils chimiques que je n'avais de remords ; j'avais le désir d'être ministre d'État. Cependant, pour en finir avec ce chapitre, je dirai que je n'aurais voulu être ni Achille, ni lady Macbeth ; mais que, à tant faire, mieux vaut être Achille, mieux vaut promener triomphalement le cadavre que la tache ; on entend à la fin les supplications de Priam et l'on gagne une belle réputation militaire et littéraire. Je n'entendais pas les supplications de Priam, mais le discours de Lobo Névès, et je n'avais pas de remords.

130
Pour intercaler dans le chapitre 129

La première fois que je pus parler à Virgilia, après son séjour en province, ce fut au cours d'un bal en 1855. Elle avait une superbe toilette de soie bleue et offrait aux lumières la même paire d'épaules qu'autrefois. Ce n'était plus la fraîcheur du premier âge, c'est certain, mais elle était encore belle, d'une beauté d'automne, rehaussée par la nuit. Je me souviens que nous causâmes longtemps, sans faire aucune allusion au passé. Tout était sous-entendu. Un mot lointain, vague, ou alors un regard, rien de plus. Elle se retira peu après. J'allai la voir descendre l'escalier et je ne sais par quel phénomène de ventriloquie cérébrale (que les philologues me pardonnent cette locution barbare), je murmurai en moi-même cette parole profondément rétrospective :

— Merveilleuse !

Il convient d'intercaler ce chapitre entre la première et la deuxième partie du chapitre précédent.

131
Une calomnie

Comme je venais de prononcer ce mot par procédé ventriloco-cérébral — simple opinion et non remords — je sentis une main sur mon épaule. Je me retournai. C'était un ancien camarade, officier de marine, de caractère jovial, assez effronté. Il sourit malicieusement et me dit :

— Alors, polisson ! Souvenirs du passé, hein ?

— Vive le passé !

— Et naturellement vous avez été réintégré dans l'emploi ?

— Sauvez-vous, misérable ! dis-je en le menaçant du doigt.

J'avoue que ce dialogue était une indiscrétion — principalement la dernière réplique. Et je l'avoue d'autant plus volontiers que ce sont les femmes qui ont la réputation d'être indiscrètes et je ne veux pas fermer ce livre sans avoir rectifié cette fausse notion de l'esprit humain. En matière d'aventure amoureuse, j'ai vu des hommes sourire ou nier à peine, de façon évasive, monosyllabique, etc., tandis que leurs partenaires féminines n'avouaient rien, prêtes à jurer sur les Saints Évangiles que tout était calomnie pure. La raison de cette différence est que la femme (sauf en certains cas, dont celui du chapitre 101) se donne par amour, soit l'amour-passion de Stendhal, soit l'amour purement physique de certaines dames romaines, par exemple, ou polynésiennes, ou lapones, ou hottentotes, et peut-être aussi d'autres races civilisées ; mais chez l'homme – je parle de l'homme appartenant à une société cultivée et élégante – chez l'homme la vanité est étroitement liée à l'autre sentiment. De plus (je me réfère toujours aux cas illicites), la femme mariée qui aime un autre homme a toujours l'impression de manquer à un devoir, elle doit par suite dissimuler avec plus d'artifice, raffiner la trahison ; l'homme, lui, se sentant la cause de cette infraction et vainqueur d'un rival, en tire un légitime orgueil et passe aussitôt à un autre sentiment, moins rigide et moins discret : cette bonne fatuité, qui est la transpiration lumineuse du mérite.

Que cette explication soit juste ou non, il me suffit de laisser ici, à l'usage des siècles à venir, le témoignage écrit que l'indiscrétion des femmes est une fable inventée par les hommes. En amour, du moins, elles sont un véritable tombeau. Elles se trahissent souvent par l'inquiétude, par la douleur, par manque de maîtrise de leurs gestes, de leurs regards. C'est pourquoi une grande dame – et une femme d'esprit – la Reine de Navarre, usa quelque part de cette métaphore, pour dire que toute intrigue amoureuse finit forcément par se découvrir tôt ou tard : « Il n'y a pas de caniche si bien dressé qu'on n'entende un jour aboyer. »

132
Pas sérieux

Cette citation de la Reine de Navarre me rappelle que chez nous, dans le peuple, quand une personne en voit une autre de mauvaise humeur, elle lui demande habituellement : « On vous a tué vos petits chiens ? », comme pour dire : « On a troublé vos amours, vos aventures secrètes, etc. » Mais ce chapitre n'est pas sérieux.

133
Le principe d'Helvétius

Nous en étions au moment où l'officier de marine m'arracha l'aveu de mes amours avec Virgilia, et ici je dois corriger le principe d'Helvétius ou, du moins l'expliquer. Mon intérêt était de me taire ; confirmer le soupçon d'une ancienne aventure, c'était risquer de réveiller quelque haine assouvie, de soulever un scandale, tout au moins d'acquérir une réputation d'indiscret. C'était cela mon intérêt ; et si l'on entend le principe d'Helvétius de façon superficielle, c'est ce que j'aurais dû faire. Mais j'ai déjà indiqué les raisons de l'indiscrétion masculine : avant cet intérêt de la *sécurité*, il y en avait un autre, plus intime, plus immédiat, celui de la *vanité*. Le premier était réfléchi, supposait un raisonnement antérieur ; le second était spontané, instinctif, venait des entrailles de l'individu. Finalement le premier avait un effet éloigné, le second un effet immédiat. Conclusion : le principe d'Helvétius s'applique dans mon cas – la différence est qu'il ne s'agissait pas de l'intérêt apparent, mais caché.

134
Cinquante ans

Je ne vous ai pas encore dit – je le dis maintenant – que lorsque Virgilia descendait l'escalier, lorsque l'officier de marine me touchait l'épaule, j'avais cinquante ans. C'était donc ma vie elle-même qui descendait l'escalier — ou, du moins, la meilleure partie, une partie pleine de plaisirs, d'agitations, de craintes — enveloppée de dissimulation et de duplicité — mais enfin la meilleure, selon le langage courant. Si cependant nous usons d'un langage plus élevé, la meilleure partie était celle qui me restait à vivre, ainsi que j'aurai l'honneur de vous le dire dans les quelques pages de ce livre.

Cinquante ans ! Il n'était pas besoin de le confesser. On sent bien déjà que mon style n'est pas aussi léger que les premiers jours. En cette circonstance, une fois terminé le dialogue, l'officier de marine enfila sa capote et sortit ; j'avoue que je restai un peu triste. Je rentrai dans le salon, l'envie me prit de danser une polka, de m'enivrer des lumières, des fleurs, des cristaux, des beaux yeux, du bourdonnement sourd et léger des conversations particulières. Et je ne le regrette pas : je me sentis rajeuni. Mais une demi-heure après, quand je quittai le bal, à quatre heures du matin, qu'est-ce que je retrouvai dans le fond de ma voiture ? Mes cinquante ans. Ils étaient là, les entêtés, non pas engourdis de froid ni rhumatisants, mais sommeillant de fatigue, un peu pressés de retrouver le lit et le repos. Alors — voyez jusqu'où peut aller l'imagination d'un homme ensommeillé — alors il me sembla entendre une chauve-souris, juchée sur le dessus de la voiture, me dire : « Monsieur Bras Cubas, le rajeunissement était dans le salon, dans les cristaux, dans les lumières, dans les toilettes — enfin *dans les autres*. »

135
Oblivion

Et maintenant je crains que, si quelque dame a suivi ces pages, elle ne ferme le livre, sans vouloir lire les suivantes. Pour elle s'est éteint l'intérêt de ma vie, qui était l'amour. Cinquante ans, ce n'est pas encore l'invalidité, mais ce n'est plus la fleur de l'âge. Encore dix ans et je comprendrai, comme disait un Anglais, je comprendrai « ce que c'est que de ne plus trouver personne qui se souvienne de mes parents et de quelle façon il me faudra envisager l'OUBLI lui-même ».

Écrivons le mot en capitales : OBLIVION. Il est juste de rendre tous les honneurs à un personnage si dédaigné et si estimable, convive de la dernière heure, mais convive sûr. Elle le sait bien, cette dame qui jeta son éclat à l'aurore du règne actuel ; elle le sait plus douloureusement encore celle qui montra ses grâces en fleur au temps du Ministère Parana, car celle-ci se trouve plus près de ses jours de gloire et elle sent cependant que d'autres lui ont déjà ravi le char du triomphe. Alors, si elle est digne d'elle-même, elle ne s'obstine pas à réveiller les Souvenirs, ou morts ou expirants ; elle ne cherche pas dans le regard d'aujourd'hui le même hommage que dans celui d'hier ; autres étaient alors les voyageurs qui partaient sur la route de la vie, le cœur joyeux et le pied léger. *Tempora mutantur*. Elle comprend qu'il en est fatalement ainsi de ce tourbillon qui, sans exception ni pitié, emporte les loques du chemin et les feuilles de la forêt. Et, si elle est douée de quelque philosophie, loin de les envier, elle plaint celles qui lui ont ravi le char, car à elles aussi l'écuyer OBLIVION fera bientôt mettre pied à terre. Spectacle dont le but est de divertir la planète Saturne, qui se meurt d'ennui.

136
Inutilité

Mais, ou je me trompe fort, ou je viens d'écrire un chapitre inutile.

137
Le shako

Et pourtant non : il résume les réflexions que je confiai le jour suivant à Quincas Borba, en lui faisant part de ma lassitude et de mille autres choses tristes. Mais le philosophe, jugeant avec son intelligence supérieure, me cria que j'étais en train de glisser sur la pente fatale de la mélancolie.

– Mon cher Bras Cubas, ne te laisse pas gagner par ces vapeurs. Que diable ! Il faut être un homme ! être fort ! lutter ! vaincre ! briller ! influer ! dominer ! Cinquante ans, c'est l'âge de la science et du gouvernement. Allons, Bras Cubas ; ne fais pas l'imbécile. Que gagnes-tu à passer ainsi de ruine en ruine ou de fleur en fleur ! Il s'agit de savourer la vie. La pire philosophie, sache-le, est celle du pleurnicheur qui se couche au bord de la rivière pour déplorer la fuite incessante des eaux. Leur fonction est de ne jamais s'arrêter ; conforme-toi à la règle et tâche d'en tirer profit.

L'autorité d'un grand philosophe révèle sa valeur jusque dans les moindres choses. Les paroles de Quincas Borba eurent le don de secouer la torpeur morale et mentale qui m'envahissait. Allons ! passons à gouverner, il en est grand temps. Jusqu'alors, je n'étais pas intervenu dans les grands débats. Ma chasse au portefeuille était à base de courbettes, de thés, de commissions, de votes ; et le portefeuille ne venait toujours pas. Il importait de prendre possession de la tribune.

Je commençai prudemment. Trois jours après, je profitai de l'occasion offerte par la discussion du budget de la justice, pour demander modestement au Ministre s'il ne jugeait pas utile de réduire la hauteur des schakos de la garde nationale. L'objet de ma question n'avait évidemment pas une très grande importance, mais je montrai qu'il n'était tout de même pas indigne des préoccupations d'un homme d'État ; et je citai Philopoemen qui ordonna de remplacer les petits boucliers de ses troupes par d'autres plus grands et les lances par d'autres moins légères ; fait que l'Histoire ne trouva pas indigne de la gravité de ses tablettes. La dimension de nos schakos réclamait une forte diminution, parce qu'ils étaient non seulement inélégants, mais antihygiéniques. Dans les cérémonies, au soleil, l'excès de chaleur qui en résultait pouvait être fatal. Un des préceptes d'Hippocrate étant d'avoir toujours la tête fraîche, il paraissait cruel d'obliger un citoyen, pour une simple considération d'uniforme, à risquer sa santé et sa vie et, par suite, l'avenir de sa famille La Chambre et le Gouvernement ne devaient pas oublier que la garde nationale était le rempart de la liberté et de l'indépendance et que le citoyen appelé à fournir un service gratuit, fréquent et pénible, avait le droit d'en voir diminuer la charge par l'adoption d'un uniforme léger et commode. J'ajoutai que le schako, par son poids, courbait la tête des citoyens et que la patrie avait besoin de citoyens dont le front pût se lever, haut et calme, devant le pouvoir. Et je conclus par cette image : « Le saule pleureur, qui incline ses rameaux vers la terre, est l'arbre des cimetières ; le palmier, droit et ferme, est l'arbre du désert, des places publiques et des jardins. »

L'impression produite par ce discours fut de nature diverse. Pour ce qui est de la forme, du mouvement oratoire, du côté littéraire et philosophique, l'opinion fut unanime ; tout le monde me dit qu'il était parfait, que personne n'aurait réussi à tirer tant d'idées d'un shako. Mais, du point de vue politique, il fut considéré par beaucoup comme déplorable ; certains trouvèrent que mon discours était un véritable désastre parlementaire ; enfin l'on vint m'avertir que d'autres me classaient déjà dans l'opposition et parmi eux les oppositionnistes de la Chambre, qui allaient jusqu'à insinuer l'opportunité d'une motion de défiance. Je repoussais énergiquement une telle interprétation, non seulement erronée, mais calomnieuse, car j'étais notoirement parmi les soutiens du cabinet. Je fis remarquer que la nécessité de diminuer le schako n'était pas telle que l'on ne pût attendre quelques années ; que, en tout cas, je transigerais sur la dimension de la réduction, me contenant de trois quarts de pouce ou même moins ; enfin, au cas où mon idée ne serait pas adoptée, je me tiendrais pour satisfait d'en avoir pris l'initiative au Parlement.

Quincas Borba, lui, ne fit aucune restriction :

— Je ne suis pas un homme politique, me dit-il au dîner ; je ne sais pas si tu as eu tort ou raison. Je sais que tu as fait un excellent discours.

Et il en rappela alors les parties saillantes, les belles images, les arguments solides, avec cette discrétion dans la louange qui convient à un grand philosophe. Puis, prenant le sujet à son compte, il attaqua le schako avec une telle force, un telle lucidité, qu'il finit par me convaincre effectivement de son danger.

138
À un critique

Mon cher critique,

Quelques pages plus haut, après avoir dit que j'avais cinquante ans, j'ai ajouté : « On sent bien déjà que mon style n'est pas aussi léger que les premiers jours. » Peut-être, connaissant mon état actuel, trouves-tu cette phrase incompréhensible ; mais j'appelle ton attention sur la subtilité de cette pensée. Je ne veux pas dire que je sois plus vieux maintenant que lorsque j'ai commencé ce livre. La mort ne vieillit pas. Ce que je veux dire, c'est que, à chaque phrase de la narration de ma vie, j'éprouve les sensations correspondantes... Dieu me protège ! il faut tout expliquer.

139
Comment je ne fus pas ministre d'État

....
....
....
....
....

140
Qui explique le chapitre précédent

Il y a des choses que l'on dit mieux en se taisant ; telle est la substance du chapitre précédent. Les ambitieux déçus peuvent le comprendre. Si la passion du pouvoir est la plus forte de toutes, comme d'aucuns le prétendent, imaginez le désespoir, la douleur, l'abattement du jour où je perdis mon siège à la Chambre des députés. Toutes mes espérances s'en allaient à vau-l'eau ; ma carrière politique était finie. Et notez que Quincas Borba déduisit de ses raisonnements philosophiques que mon ambition n'était pas véritablement la passion du pouvoir, mais un caprice, un simple amusement. D'après lui, ce sentiment, sans être plus profond que l'autre, tourmente bien davantage, car il ressemble à l'amour que montrent les femmes pour les chapeaux et les dentelles. Un Cromwell ou un Bonaparte, ajoutait-il, du fait même qu'ils sont enflammés par la passion du pouvoir, y parviennent coûte que coûte par l'escalier de droite ou par celui de gauche. Telle n'était pas la nature de mon sentiment ; n'ayant pas en lui la même force, il n'avait pas la même certitude du résultat. De là une plus grande affliction, un plus grand désenchantemnt, une plus grande tristesse. Ce sentiment, d'après l'Humanitisme...

— Eh ! va au diable avec ton Humanitisme, l'interrompis-je ; je suis fatigué de ces philosophies qui ne conduisent à rien.

La violence de cette réplique, adressée à un philosophe aussi éminent, équivalait à une insulte. Mais il fut le premier à excuser mon irritation. On apporta le café. Il était une heure de l'après-midi, nous étions dans mon cabinet de travail, une belle salle qui donnait sur le fond de mon jardin, avec de bons livres, des objets d'art, dont un Voltaire, un Voltaire de bronze qui me semblait en cette occasion accentuer le sourire sarcastique avec lequel il me regardait, le coquin ; les sièges étaient confortables ; au dehors le soleil, un grand soleil, que Quincas Borba — par plaisanterie ou par poésie, je ne sais — appela un des ministres de la nature ; un vent frais passait, le ciel était bleu. À chaque fenêtre — il y en avait trois — pendait une cage avec des oiseaux qui gazouillaient leurs opéras rustiques. Tout revêtait l'apparence d'une conspiration des choses contre l'homme. Et, bien que je fusse dans *ma* salle, regardant *mon* jardin, assis sur *ma* chaise, écoutant *mes* oiseaux, à côté de *mes* livres, éclairé par *mon* soleil, je n'arrivais pas à me débarrasser du regret de cet autre siège qui, lui n'était pas à moi.

141
Les chiens

— Mais enfin, qu'as-tu l'intention de faire maintenant ? me demanda Quincas Borba en allant poser sa tasse vide sur le rebord d'une des fenêtres.

— Je ne sais pas. Je vais me retirer à Tijuca, fuir les hommes. Je suis honteux et dégoûté. Tant de rêves, mon cher Borba, tant de rêves... et je ne suis rien.

— Rien ! m'interrompit Quincas Borba avec un geste d'indignation.

Pour me distraire, il m'invita à sortir ; nous allâmes dans les parages d'Engenho Velho. Nous marchions à pied, en philosophant. Jamais je n'oublierai le bienfait que fut pour moi cette promenade. La parole de ce grand homme était le cordial même de la sagesse. Il me dit que je ne pouvais fuir le combat ; si l'on me fermait la tribune, je n'avais qu'à ouvrir un journal. Il usa même d'une expression moins relevée, montrant ainsi que la langue philosophique peut se retremper parfois dans l'argot populaire. « Fonde un journal », me dit-il, et « fiche en bas toute cette clique ».

— Merveilleux ! Je vais fonder un journal, je vais les écraser, je vais...

— Lutter. Que tu les écrases ou non, l'essentiel est que tu luttes. La vie est une lutte. Une vie sans lutte est une mer morte au centre de l'organisme universel.

Un peu plus loin, nous tombâmes sur une bataille de chiens : fait qui eût été sans intérêt aux yeux d'un homme vulgaire. Quincas Borba, m'arrêtant, me fit observer les chiens. Ils étaient deux. Il me signala qu'à leurs pieds était un os, motif de la guerre, et ne manqua pas d'appeler mon attention sur le fait que l'os n'avait pas de viande. Un simple os nu. Les chiens se mordaient, grondaient, la rage dans les yeux... Quincas Borba, la canne sous le bras, semblait en extase.

— Que c'est beau ! disait-il par moments.

Je voulus l'arracher de là, mais en vain. Il était enraciné et ne reprit son chemin que lorsque la bataille eut pris entièrement fin et que l'un des chiens, mordu et vaincu, fut allé porter sa faim ailleurs. Je notai qu'il était resté tout joyeux, bien qu'il contînt sa joie, ainsi qu'il convenait à un grand philosophe. Il me fit observer la beauté du spectacle, rappela l'objet de la lutte et conclut que les chiens avaient faim. Mais la privation de nourriture était sans importance au regard des fins générales de la philosophie. Il eut soin de rappeler qu'en certaines parties du globe le spectacle est plus grandiose : ce sont les créatures humaines qui disputent aux chiens les os et autres aliments moins appétissants ; lutte qui se complique singulièrement du fait qu'entre en jeu l'intelligence de l'homme, avec la somme de sagacité accumulée que lui léguèrent les siècles, etc.

142
Demande secrète

Que de choses dans un menuet ! comme disait l'autre. Que de choses dans une bataille de chiens ! Mais je n'étais pas un disciple servile ou timide, hésitant à faire telle ou telle objection adéquate. Tout en marchant, je lui fis part d'un doute ; je n'étais pas bien convaincu de l'avantage de disputer la nourriture aux chiens. Il me répondit avec une aménité exceptionnelle :

— La disputer aux autres hommes est plus logique, vu que les compétiteurs sont d'égale condition et que c'est le plus fort qui emportera l'os. Mais pourquoi ne serait-ce pas un spectacle grandiose que de le disputer aux chiens ? On peut manger volontairement des sauterelles comme le Précurseur, ou des choses pires comme Ézéchiel ; donc l'abject est comestible. Reste à savoir s'il est plus digne de l'homme de le disputer en vertu d'une nécessité naturelle ou de le préférer sous l'influence d'une exaltation religieuse, donc d'un sentiment variable, tandis que la faim est éternelle comme la vie et comme la mort.

Nous étions arrivés à la porte de la maison. On me remit une lettre, en me disant qu'elle venait d'une dame. Nous entrâmes et Quincas Borba, avec la discrétion propre à un philosophe, alla lire les titres au dos des volumes de la bibliothèque, pendant que je parcourais la lettre qui était de Virgilia :

Mon cher ami,

Dona Placida est au plus mal. Je vous demande instamment de faire quelque chose pour elle. Elle habite passage des Petits-Escaliers. Voyez si vous pouvez la faire admettre à la Miséricorde.

V...

Ce n'était pas l'écriture fine et correcte de Virgilia, mais une grosse écriture irrégulière ; le V de la signature n'était qu'un griffonnage sans aucune prétention alphabétique ; de sorte que, voyant la lettre, il était fort difficile d'en déterminer l'auteur. Je tournai et retournai le papier. Pauvre Dona Placida ! Je lui avais pourtant laissé les cinq contos de la plage de Botafogo et je ne pouvais comprendre que...

– Tu vas comprendre, me dit Quincas Borba, en tirant un livre de la bibliothèque.

– Quoi ? demandai-je stupéfait.

– Tu vas comprendre que je ne t'ai dit que la vérité. Pascal est un de mes ancêtres spirituels et, bien que ma philosophie soit supérieure à la sienne, je ne puis nier qu'il fut un grand homme. Or, que dit-il dans cette page ? Et le chapeau sur la tête, la canne sous le bras, il montrait du doigt le passage. – Que dit-il ? Il dit que l'homme a un grand avantage sur le reste de l'univers : il sait qu'il meurt, tandis que l'univers l'ignore absolument. Tu vois ? Donc, l'homme qui dispute l'os à un chien a sur celui-ci le grand avantage de savoir qu'il a faim ; et c'est cela qui a rendu la lutte grandiose, comme je le disais. « Il sait qu'il meurt » est une pensée profonde ; je crois cependant que la mienne est plus profonde : il sait qu'il a faim. Attendu que le fait de la mort limite, pour ainsi dire, l'entendement humain ; la conscience de l'anéantissement ne dure qu'un instant et s'éteint pour toujours, tandis que la faim a l'avantage d'insister, de faire durer l'état conscient. Il me semble (si ce n'est fatuité de ma part) que la formule de Pascal est inférieure à la mienne ; ce qui ne l'empêche pas d'être une grande pensée et Pascal un grand homme.

143
Je n'irai pas

Pendant qu'il replaçait le livre dans la bibliothèque, je relisais le billet. Au dîner, voyant que je parlais peu, que je mâchais et remâchais sans avaler, les yeux fixés sur un coin de la salle, sur le bout de la table, sur un plat, sur une chaise, sur une mouche invisible, il me dit :

— Tu as quelque chose ; je parie que c'est cette lettre ?

— Oui.

Réellement je me sentais ennuyé, agacé de la demande de Virgilia. J'avais donné à Dona Placida cinq contos de reis. Je doute fort que personne eût été aussi généreux que moi. Cinq contos ! Qu'en avait-elle fait ? Naturellement elle les avait jetés par les fenêtres, dépensés en bamboches, et maintenant elle en était réduite à l'hôpital et c'était moi qui devais l'y conduire ! Que diable, on meurt n'importe où ! Ajoutez à cela que je ne savais pas ou ne me rappelais plus où était ce passage des Petits Escaliers ; mais, d'après le nom, ce devait être quelque coin étroit et obscur de la ville. Il me faudrait aller là, attirer l'attention des voisins, frapper à la porte, etc. Quelle plaie !... Je n'irai pas.

144
Utilité relative

Mais la nuit, qui est bonne conseillère, me fit comprendre que la courtoisie m'imposait d'obéir aux ordres de mon ancienne amante.

— Billet échu doit être payé, me dis-je en me levant.

Après le déjeuner, j'allai chez Dona Placida. Je me trouvai devant un paquet d'os, enveloppé de haillons, étendu sur un vieux grabat nauséabond. Je lui donnai un peu d'argent. Le jour suivant, je la fis transporter à la Miséricorde, où elle mourut une semaine plus tard. Je dis mal : un matin elle ne se réveilla pas. Elle sortit de la vie à la dérobée, comme elle y était entrée. De nouveau je me demandai, comme au chapitre 75, si c'était pour cela que le sacristain de la cathédrale et la pâtissière l'avaient mise au monde, en un moment d'attirance spécifique. Mais je réfléchis aussitôt que, peut-être, sans Dona Placida, mes amours avec Virgilia eussent été interrompues ou brisées brusquement en pleine effervescence ; telle fut donc l'utilité de la vie de Dona Placida. Utilité relative, j'en conviens ; mais que diable y a-t-il d'absolu en ce monde ?

145
Simple répétition

Quant aux cinq contos, inutile de raconter comment un tailleur de pierres du voisinage feignit d'être amoureux de Dona Placida, réussit à éveiller ses sens ou sa vanité et l'épousa. Au bout de quelques mois, il inventa une affaire, vendit les titres et disparut avec l'argent. Inutile d'insister. C'est l'histoire des chiens de Quincas Borba. Simple répétition d'un chapitre.

146
Le programme

Il était urgent de fonder le journal. Je rédigeai le programme, qui était une application politique de l'Humanitisme. Seulement, comme Quincas Borba n'avait pas encore publié son livre (qu'il retouchait d'année en année), nous décidâmes de n'y faire aucune référence. Quincas Borba exigea seulement une déclaration, autographe et privée, reconnaissant que certains des principes nouveaux appliqués à la politique étaient tirés de son livre, encore inédit.

C'était la fine fleur des programmes ; je promettais de réformer la société, de détruire les abus, de défendre les sains principes libéraux et conservateurs ; je faisais un appel au commerce et à l'agriculture ; je citais Guizot et Ledru-Rollin et je finissais par cette menace, à laquelle Quincas Borba trouva un caractère local et mesquin : « La doctrine nouvelle que nous professons entraînera inévitablement la chute du ministère actuel. » J'avoue que, dans l'état présent de la politique, le programme me parut un chef-d'œuvre. La menace de la fin, que Quincas Borba trouvait mesquine, était, comme je le lui démontrai et comme il dut le reconnaître, saturée du plus pur Humanitisme. L'Humanitisme en effet n'excluait rien ; les guerres de Napoléon et une bataille de chèvres avaient, d'après notre doctrine, un égal caractère de sublimité, avec cette différence que les soldats de Napoléon savaient qu'ils mouraient, ce qui, selon toute apparence, n'est pas le cas des chèvres. Or, je ne faisais rien de plus que d'appliquer aux circonstances notre formule philosophique ; Humanitas voulait remplacer Humanitas pour le bien d'Humanitas.

— Tu es mon disciple aimé, mon calife, s'écria Quincas Borba avec un accent de tendresse que je ne lui avais jamais entendu. Je puis dire comme le grand Mahomet : viennent maintenant contre moi le soleil et la lune, je n'abandonnerai pas mes idées. Sois convaincu, mon cher Bras Cubas, que c'est là la vérité éternelle, antérieure aux mondes et postérieure aux siècles.

147
La bévue

J'envoyai aussitôt à la Presse une note discrète, annonçant que, dans quelques semaines, commencerait probablement la publication d'un journal d'opposition, rédigé par le Dr Bras

Cubas. Quincas Borba, à qui je lus la note, prit la plume et, dans un geste de fraternité véritablement humanistique, ajouta à mon nom cette phrase : « un des membres les plus éminents de la dernière Chambre ».

Le lendemain, je vis arriver chez moi Cotrim. Il semblait un peu troublé, mais cherchait à le dissimuler, affectant le calme et même la gaieté. Il avait vu la note du journal et il estimait devoir, comme ami et comme parent, me dissuader d'une telle idée. C'était une erreur, une erreur fatale. Il me démontra que j'allais me placer dans une situation difficile et me fermer de façon certaine les portes du Parlement. Non seulement le ministère lui paraissait excellent, ce qui d'ailleurs pouvait très bien ne pas être mon opinion, mais il n'était pas douteux qu'il durerait encore longtemps ; qu'avais-je à gagner, à l'indisposer contre moi ? Il savait que quelques-uns des ministres étaient bien disposés à mon égard ; une vacance n'était pas impossible et... Sur quoi je l'interrompis ; j'avais bien médité, lui dis-je, le pas que j'allais faire et je ne pouvais reculer d'une ligne. Je lui proposai même de lui lire mon programme, mais il refusa énergiquement, disant qu'il ne voulait pas avoir la moindre part dans ma bévue.

— C'est une véritable bévue, répéta-t-il. Réfléchissez encore quelques jours et vous verrez que c'est une bévue.

Sabina s'exprima de même le soir, au théâtre. Elle laissa sa fille dans la loge, avec Cotrim, et m'entraîna dans le couloir.

— Bras, qu'est-ce que tu vas faire ? me demanda-t-elle tout affligée. Quelle idée de provoquer le gouvernement sans nécessité, quand tu pourrais...

Je lui expliquai qu'il ne me convenait pas de mendier un siège au Parlement ; que mon but était de faire tomber le ministère, qui ne me paraissait répondre ni à la situation — ni à certaine formule philosophique. Je lui donnai l'assurance que j'emploierais toujours un langage courtois, quoiqu'énergique. La violence n'était pas un condiment à mon goût. Sabina frappa de son éventail le bout de ses doigts, secoua la tête et revint au sujet, faisant alterner la supplication et la menace. Je lui répondis que non, que non, et que non. Ainsi édifiée, elle me lança au visage que je préférais les conseils de personnes étrangères et envieuses aux siens et à ceux de son mari.

— Agis comme il te plaira, conclut-elle ; nous, nous accomplissons notre devoir.

Elle me tourna le dos et rentra dans sa loge.

148
Le problème insoluble

Le journal parut. Vingt-quatre heures après, apparaissait dans d'autres journaux une déclaration de Cotrim, disant en substance que « bien que n'appartenant de façon effective à aucun des partis entre lesquels se partageait le pays, il estimait devoir déclarer nettement qu'il n'exerçait aucune action et n'avait aucune participation, directe ou indirecte, au journal de son beau-frère, le Dr Bras Cubas, dont il réprouvait entièrement les idées et l'attitude politique. Le ministère actuel (comme du reste tout autre composé de semblables capacités) lui semblait destiné à assurer le bien public ».

Je ne pouvais en croire mes yeux. Je me les frottai deux ou trois fois et je relus cette déclaration, inopportune, insolite et énigmatique. S'il n'avait rien à voir avec les partis, que lui importait un incident aussi banal que la publication d'une feuille nouvelle ? Les citoyens qui trouvent bon ou mauvais un ministère n'ont ni l'habitude ni l'obligation de faire de telles déclarations par la voie de la presse. Réellement l'intrusion de Cotrim en cette affaire était un mystère, non moins que son attaque personnelle contre moi. Nos relations jusqu'alors avaient été franches et cordiales ; je n'avais souvenir d'aucun dissentiment, d'aucune ombre, de rien, depuis notre réconciliation. Je me rappelais au contraire lui avoir rendu de véritables services ; c'est ainsi, par exemple, que j'avais pu, comme député, lui faire obtenir certaines fournitures pour l'arsenal de la marine, fournitures qu'il continuait à assurer avec la plus grande régularité et dont il m'avait dit, quelques semaines avant, qu'il pouvait en retirer d'ici trois ans quelque deux cents contos. Le souvenir d'un pareil service n'avait donc pas suffi à l'empêcher de désavouer publiquement son beau-frère ? Le motif de cette déclaration devait être bien puissant, qui lui faisait commettre un acte à la fois ingrat et intempestif ; j'avoue que c'était là un problème insoluble...

149
Théorie du bienfait

Si insoluble, que Quincas Borba ne put en venir à bout, malgré tout le soin et la bonne volonté qu'il apporta à son étude.

— Allons, adieu ! conclut-il, tous les problèmes ne méritent pas cinq minutes d'attention.

Quant au reproche d'ingratitude, Quincas Borba le rejeta entièrement, non comme impossible à établir, mais comme absurde et contraire aux conclusions d'une bonne philosophie humanistique.

— Il y a un fait que tu ne peux nier, dit-il ; c'est que le plaisir du bienfaiteur est toujours plus grand que celui du bénéficiaire. Qu'est-ce que le bienfait ? C'est un acte qui fait cesser une certaine privation de celui qui en bénéficie. L'effet essentiel une fois produit, c'est-à-dire lorsque la privation a pris fin, l'organisme revient à l'état antérieur qui est un état d'indifférence. Suppose que tu aies trop serré la ceinture de ton pantalon ; pour faire cesser le malaise que tu éprouves, tu desserres la ceinture, tu respires, tu savoures un instant de bien-être, puis l'organisme retourne à l'état d'indifférence et tu ne penses plus à tes doigts qui ont accompli cet acte. Comme il n'y a rien de permanent, il est naturel que la mémoire se dissipe, elle n'est pas une plante aérienne, elle a besoin d'un sol. L'espoir d'autres faveurs, il est vrai, maintient toujours chez le bénéficiaire le souvenir de la première ; mais ce fait — d'ailleurs un des plus sublimes que la philosophie puisse trouver sur son chemin — s'explique par le souvenir de la privation, ou, en d'autres termes, par la privation prolongée dans le souvenir, qui reflète la douleur passée et conseille la précaution du remède opportun. Je ne dis pas que, même sans cette circonstance, il ne puisse arriver que la mémoire du service passé ne persiste, accompagnée de véritables aberrations, sans aucune valeur aux yeux du philosophe.

— Mais, répliquai-je, s'il n'y a aucune raison pour que le souvenir du bienfait subsiste chez le bénéficiaire, il y en a moins encore pour qu'il subsiste chez le bienfaiteur. Je voudrais bien que tu m'expliques ce point.

— On n'explique pas ce qui est naturellement évident, rétorqua Quincas Borba. Mais j'ajouterai quelques mots. La persistance du bienfait dans la mémoire de son auteur s'explique par la nature même du bienfait et de ses conséquences. Il y a d'abord le sentiment d'une bonne action, et, par déduction, la conscience que nous sommes capables de bonnes actions ; en second lieu, le bienfait vous donne la conviction d'une supériorité sur une autre créature, supériorité dans l'état et dans les moyens ; ce qui est un des plus légitimes agréments pour l'organisme humain. Érasme qui, dans son *Éloge de la Folie*, a écrit quelques bonnes choses, appelle l'attention sur le plaisir avec lequel deux ânes se frottent l'un contre l'autre. Je suis loin de rejeter cette observation d'Érasme, mais j'ajouterai ce qu'il ne dit pas, à savoir que, si l'un des ânes frotte mieux que l'autre, on verra dans ses yeux quelque indice spécial de satisfaction. Pourquoi une jolie femme regarde-t-elle souvent son miroir, sinon parce qu'elle se trouve belle et que cela lui confère une supériorité certaine sur une foule d'autres femmes moins belles ou vraiment laides ? Il en est de même de la conscience ; elle se contemple continuellement, quand elle se trouve belle. Le remords n'est pas autre chose que la grimace d'une conscience qui se voit laide. N'oublie pas que tout étant une simple irradiation de Humanitas, le bienfait et ses conséquences sont des phénomènes parfaitement admirables.

150
Rotation et translation

Il y a dans chaque entreprise, dans chaque affection, dans chaque âge, un cycle entier de la vie humaine. Le premier numéro de mon journal inonda mon âme d'une vaste aurore, me couronna de verdure, me rendit l'entrain de la jeunesse. Six mois après, sonnait l'heure de la vieillesse, et deux semaines plus tard celle de la mort, qui fut clandestine comme celle de Dona Placida. Lorsque je constatai un matin que mon journal avait cessé de vivre, je respirai comme un homme qui vient de faire une longue route. De sorte qu'en disant que la vie humaine nourrit d'elle-même d'autres vies plus ou moins éphémères, comme le corps alimente ses parasites, je crois ne pas énoncer une chose entièrement absurde. Mais, à cette comparaison peut-être moins nette et moins adequate, je préfère une image astronomique : l'homme exécute autour du grand mystère un double mouvement de rotation et de translation ; il a ses jours, inégaux comme ceux de Jupiter, et il en compose son année, plus ou moins longue.

Au moment où je terminais mon mouvement de rotation, Lobo Névès achevait son mouvement de translation. Il mourut le pied sur l'escalier ministériel. Tout au moins, pendant quelques semaines, le bruit courut qu'il allait être ministre ; et, comme j'en ressentis une irritation et une jalousie très vives, il n'est pas impossible que la nouvelle de sa mort m'ait apporté quelque tranquillité, quelque soulagement et même une ou deux minutes de plaisir. Plaisir est peut-être un peu fort, mais c'est la vérité ; je jure devant les siècles que c'est la pure vérité.

J'allai à l'enterrement. Dans la salle mortuaire, je trouvai Virgilia, sanglotant au pied du cercueil. Lorsqu'elle leva la tête, je vis qu'elle pleurait vraiment. Quand on sortit la bière, elle l'embrassa avec désespoir ; on dut la relever et l'emmener. Je vous assure que ces larmes étaient de vraies larmes. Je suivis l'enterrement ; et, pour tout dire, je n'avais pas grande envie de parler ; j'avais un poids dans la gorge et sur la conscience. Au cimetière, surtout, lorsque je laissai tomber la pelletée de terre sur le cercueil, au fond de la fosse, le bruit sourd de cette terre me fit tressaillir, tressaillement passager sans doute, mais désagréable ; et puis le soir, avait le poids et la couleur du plomb... le cimetière... les vêtements de deuil...

151
Philosophie des épitaphes

Je sortis, m'écartant des groupes et feignant de lire les épitaphes. J'aime d'ailleurs les épitaphes ; elles sont, parmi la gent civilisée, une expression de ce pieux et secret égoïsme qui pousse l'homme à arracher à la mort au moins un lambeau de l'ombre qui passa. De là vient peut-être la tristesse inconsolable de ceux qui savent leurs morts dans la fosse commune ; il leur semble que cette pourriture anonyme les atteint eux-mêmes.

152
La monnaie de Vespasien

Tous étaient partis ; seule, ma voiture attendait son maître. J'allumai un cigare et m'éloignai du cimetière. Je ne pouvais chasser de mes yeux la cérémonie de l'enterrement, ni de mes oreilles les sanglots de Virgilia. Les sanglots, surtout, avaient le son vague et mystérieux d'un problème. Virgilia avait trahi son mari avec sincérité et maintenant elle le pleurait avec sincérité. Combinaison difficile, que je ne parvins pas à réaliser dans tout le trajet ; mais à la maison, descendu de voiture, je m'avisai que la combinaison était possible et même facile. Ô douce Nature ! La taxe sur la douleur est comme la monnaie de Vespasien ; son origine ne lui laisse pas d'odeur, on la prélève sur le mal comme sur le bien. Le moraliste blâmera peut-être ma complice ; mais que t'importe, pourvu que tu aies perçu ponctuellement le tribut de ses larmes, implacable amie, ô douce, ô trois fois douce Nature !

153
L'aliéniste

Je commence à tourner au pathétique, mieux vaut dormir. Je dormis, je rêvai que j'étais nabab et je me réveillai avec l'idée d'être nabab. J'aimais parfois à imaginer ces contrastes de région, de situation et de croyance. Quelques jours auparavant, j'avais pensé à l'éventualité d'une révolution sociale, religieuse et politique, qui ferait de l'archevêque de Cantuaria un simple collecteur d'impôts de Pétropolis et je m'étais livré à de longs calculs pour savoir si le collecteur éliminerait l'archevêque, ou si l'archevêque rejetterait le collecteur, ou quelle portion d'archevêque peut trouver place dans un collecteur, ou quelle quantité de collecteur peut se combiner avec un archevêque, etc. Questions insolubles en apparence, mais en réalité parfaitement solubles, si l'on considère qu'il peut y avoir dans un archevêque deux archevêques : celui de la bulle pontificale — et l'autre. C'est dit, je vais être nabab.

C'était une simple plaisanterie. Mais, lorsque j'eus dit cela à Quincas Borba, il me regarda avec une certaine prudence et une inquiétude affligée et poussa la bonté jusqu'à m'avertir que j'étais fou. J'en ris tout d'abord, mais la noble assurance du philosophe m'inspira quelque crainte. L'unique objection à l'affirmation de Quincas Borba était que je ne me sentais pas fou, mais les fous n'ayant généralement pas une autre opinion d'eux-mêmes, l'objection n'avait aucune valeur. Et voyez s'il y a le moindre fondement dans la croyance populaire selon laquelle les philosophes sont des hommes étrangers aux menues choses de la vie. Le jour suivant, Quincas Borba m'envoya un aliéniste. Je le connaissais et je fus atterré. Mais il se comporta avec infiniment de tact et d'habileté et prit congé si gaiement que je m'enhardis à lui demander si vraiment il ne me trouvait pas fou.

— Non, dit-il en souriant, peu d'hommes ont autant de bon sens que vous.

— Alors Quincas Borba s'est trompé ?

— Complètement. Au contraire, si vous êtes son ami... je vous conseille de le distraire... de...

— Juste ciel ! Vous croyez ?... Un si grand esprit, un philosophe !...

— Cela n'empêche pas ; la folie entre dans toutes les maisons.

Imaginez mon affliction. L'aliéniste, voyant l'effet de ses paroles, comprit la profondeur de mon amitié pour Quincas Borba et chercha à atténuer la gravité de son avertissement. Il fit observer que cela pouvait n'être rien, et ajouta qu'un petit grain de folie, loin de faire mal, donnait un certain piquant à la vie. Comme je rejetais cette idée avec horreur, l'aliéniste sourit et me dit une chose extraordinaire, si extraordinaire qu'elle ne mérite pas moins d'un chapitre.

154
Les navires du Pirée

— Rappelez-vous, me dit l'aliéniste, ce fameux maniaque athénien, qui croyait que tous les navires entrant au Pirée étaient à lui. Ce n'était qu'un pauvre hère, qui n'avait peut-être même pas, pour dormir, le tonneau de Diogène ; mais la possession imaginaire de ces navires valait pour lui toutes les drachmes de l'Hellade. Eh bien, il y a en chacun de nous un maniaque athénien ; et quiconque vous jurera qu'il n'a jamais possédé en imagination deux ou trois navires pour le moins, vous pouvez être assuré que celui-là fait un faux serment.

— Vous aussi ? demandai-je.

— Moi aussi.

— Et moi aussi ?

— Vous aussi. Et votre domestique également, si c'est bien votre domestique qui est là, à secouer les tapis par la fenêtre.

De fait, c'était un de mes domestiques qui battait les tapis, pendant que nous parlions dans le jardin, non loin de là. L'aliéniste nota qu'il avait ouvert en grand toutes les fenêtres depuis longtemps, qu'il avait relevé les rideaux, démasquant le plus possible le salon, richement meublé, pour qu'on pût le voir du dehors, et il conclut :

— Votre domestique a la manie de l'Athénien. Il croit que les navires sont à lui ; une heure d'illusion qui lui donne le plus grand bonheur de la terre.

155
Réflexion cordiale

— Si l'aliéniste a raison, me dis-je, Quincas Borba n'est pas trop à plaindre, c'est une simple question de degré. Il sera bon, cependant, de veiller sur lui, pour qu'il ne lui entre pas dans le cerveau des manies d'autres pays.

156
Orgueil de la servitude

Quincas Borba fut d'un avis différent de l'aliéniste en ce qui concernait mon domestique.

— On peut, par image, dit-il, attribuer à ton domestique la manie de l'Athénien ; mais les images ne sont pas des idées ni des observations prises sur nature. Ce qu'éprouve ton domestique est un sentiment noble et parfaitement régi par les lois de l'Humanitisme : c'est l'orgueil de la servitude. Son intention est de montrer qu'il n'est pas le domestique d'un homme *quelconque*.

Il attira ensuite mon attention sur les cochers de grande maison, plus impertinents que leur maître, sur les garçons d'hôtel, dont la sollicitude se modèle sur les différences sociales de la clientèle, etc. Et il conclut que tout cela était la simple expression de ce sentiment noble et délicat — preuve évidente que l'homme peut être sublime, même en cirant les bottes.

157
Phase brillante

— C'est toi qui es sublime, m'écriai-je en lui jetant les bras autour du cou.

Il était en effet impossible de croire qu'un homme d'une telle profondeur d'esprit touchât à la démence ; ce fut ce que je lui dis, après l'avoir serré dans mes bras, en lui faisant part des soupçons de l'aliéniste. Je ne puis décrire l'impression que fit sur lui cette révélation ; je me souviens qu'il frémit et devint très pâle.

Vers cette même époque, je me réconciliai avec Cotrim, sans arriver à connaître la cause de notre dissentiment. Réconciliation opportune, parce que la solitude me pesait et que la vie était pour moi la pire des fatigues, la fatigue sans travail. Peu après je fus invité par lui à m'affilier à un Tiers-Ordre, ce que je ne fis pas sans consulter Quincas Borba.

– Vas-y, si tu veux, dit-il, temporairement. Je m'occupe d'annexer à ma philosophie une partie dogmatique et liturgique. L'Humanitisme sera aussi une religion, celle de l'avenir, la seule vraie. Le christianisme est bon pour les femmes et les mendiants et les autres religions ne valent pas mieux : elles ont toutes en commun une vulgarité ou une faiblesse égale. Le Paradis chrétien est un digne émule du paradis musulman ; et quant au nirvana bouddhiste, il n'est rien de plus qu'une conception de paralytiques. Tu verras ce qu'est la religion humanistique. L'absorption finale, la phase *contractive* est la reconstitution de la substance et non sans anéantissement, etc. Va où on t'appelle ; mais n'oublie pas que tu es mon calife.

Et voyez ma modestie. Je m'affiliai au Tiers-Ordre de... j'y exerçai quelques charges, ce fut la phase la plus brillante de ma vie. Cependant, je me tais, je ne dis rien, je ne fais pas l'exposé de mes services, je ne raconte pas ce que je fis pour les pauvres et les malades, ni les récompenses que je reçus, rien, je ne dis absolument rien.

Peut-être serait-il de quelque utilité pour l'économie sociale de montrer combien toute récompense extérieure est de peu de valeur au regard de la récompense subjective immédiate ; mais ce serait rompre le silence que j'ai juré de garder sur ce sujet. De plus, les phénomènes de la conscience sont d'analyse difficile ; et, d'autre part, si j'en contais un, il me faudrait conter aussi tous ceux qui peuvent s'y rattacher et je finirais par écrire un chapitre de psychologie. J'affirme seulement que ce fut la phase la plus brillante de ma vie. Le cadre était triste ; il avait la monotonie du malheur, aussi pénible que celle de la jouissance et peut-être pire. Mais la joie que l'on donne à l'âme des malades et des pauvres est une récompense qui n'est pas sans valeur. Et ne me dites pas qu'elle est négative, que le bénéficiaire du service rendu est seul à la recevoir. Non, elle me revenait par réfléchissement, et malgré cela très vive encore, si vive qu'elle me donnait une excellente idée de moi-même.

158
Deux rencontres

Au bout de quelques années, trois ou quatre environ, j'étais las de mes fonctions et je les quittai, non sans une donation importante qui me donna le droit d'avoir mon portrait dans la sacristie. Mais je ne finirai pas le chapitre sans vous dire que je vis mourir à l'hôpital de l'Ordre... devinez qui ?... la belle Marcella. Et je la vis mourir le même jour où, visitant une grande et sordide maison d'un quartier pauvre pour y distribuer des aumônes, je trouvai... C'est maintenant que vous ne serez pas capables de deviner... je trouvai la fleur du bosquet, Eugénia, la fille de Villaça et de Dona Eusébia, aussi boiteuse que jadis lorsque je l'avais laissée et encore plus triste.

En me reconnaissant, elle pâlit et baissa les yeux ; mais ce fut l'affaire d'un instant. Elle releva aussitôt la tête et me regarda avec beaucoup de dignité. Je compris qu'elle ne recevrait pas d'aumône de ma poche et je lui tendis la main, comme à l'épouse d'un capitaliste. Elle me salua et s'enferma dans sa chambre. Jamais plus je ne la vis ; je ne sus rien d'elle et de son existence, ni si sa mère était morte, ni quel désastre l'avait conduite à une pareille misère. Je sais seulement qu'elle était toujours boiteuse et triste. Ce fut sous cette impression que j'arrivai à l'hôpital, où Marcella était entrée la veille et où je la vis expirer une demi-heure plus tard, maigre, laide, décrépite...

159
La semi-démence

Je compris que j'étais vieux, j'avais besoin d'un soutien ; mais Quincas Borba était parti six mois avant pour Minas Gerais, emportant avec lui la meilleure des philosophies. Il revint quatre mois après et entra chez moi, un matin, presque dans l'état où je l'avais vu au Jardin Public. La différence était dans son regard, qui n'était plus le même. Il revenait fou. Il me raconta que, désirant perfectionner l'Humanitisme, il avait brûlé son manuscrit et qu'il allait le recommencer. La partie dogmatique était complète, quoique non écrite. C'était la véritable religion de l'avenir.

— Tu jures par Humanitas ? me demanda-t-il.

— Tu le sais bien.

Ma voix pouvait à peine sortir de ma poitrine. Et je n'avais pourtant pas découvert toute la cruelle vérité. Non seulement Quincas Borba était fou, mais il savait qu'il l'était, et ce reste de conscience, faible lumière au milieu des ténèbres, ajoutait à l'horreur de la situation. Il le savait et ne s'irritait pas contre son mal ; au contraire, il me disait que c'était encore une manifestation de Humanitas, qui s'amusait ainsi à jouer avec lui-même. Il me récitait de longs chapitres du livre, des antiennes, des litanies spirituelles ; il alla jusqu'à reproduire une danse sacrée qu'il avait inventée pour les cérémonies de l'Humanitisme. La grâce lugubre avec laquelle il levait et agitait les jambes était d'une singularité fantastique. D'autres fois il restait tapi dans un coin, les yeux dans le vide, fixes, des yeux dans lesquels, de loin en loin, brillait un rayon persistant de raison, triste comme une larme...

Il mourut peu de temps après, dans ma maison, jurant et répétant toujours que la douleur n'était qu'une illusion et que Pangloss, Pangloss le calomnié, n'était pas si fou que l'avait supposé Voltaire.

160
Négatives

Entre la mort de Quincas Borba et la mienne, s'intercalèrent les événements rapportés dans la première partie de ce livre. Le principal fut l'invention de *l'emplâtre Bras Cubas* qui mourut avec moi, de la maladie dont je fus victime. Divin emplâtre, tu m'aurais donné la première place parmi les hommes, plus haut que la science et la richesse, car tu étais la véritable et directe inspiration du ciel. Le hasard en décida autrement ; et c'est pourquoi vous resterez éternellement hypocondriaques.

Ce dernier chapitre est tout entier de négatives. Je n'ai pas atteint la célébrité par mon emplâtre, je ne fus pas ministre, je ne fus pas calife, je n'ai pas connu le mariage. Il est vrai que, en compensation de tout ce qui me fut ainsi refusé, m'échut la bonne fortune de ne pas gagner mon pain à la sueur de mon front. Il y a plus. Je n'ai pas eu à souffrir la mort de Dona Placida ni la semi-démence de Quincas Borba. Faisant la somme des choses, des unes comme des autres, toute personne pourra imaginer qu'il n'y eut dans l'ensemble ni excès ni défaut et que, par conséquent, je sors quitte envers la vie. Elle aurait tort, car, en arrivant de ce côté-ci du mystère, je me suis trouvé avec un petit solde, qui est la dernière négative de ce chapitre de négatives : je n'ai pas eu d'enfants, je n'ai transmis à aucune créature le legs de notre misère.

Index

SUITES

1. *Histoires étranges et fantastiques d'Amérique latine*

2. José Luis SAMPEDRO
Le Sourire étrusque

3. Antonio LOBO ANTUNES
Le Cul de Judas

4. J. M. MACHADO DE ASSIS
Le Philosophe ou le chien

5. Horacio QUIROGA
Les Exilés

6. Paco Ignacio TAIBO II
De passage

7. Euclides DA CUNHA
Hautes Terres

8. Luis SEPÚLVEDA
Journal d'un tueur sentimental

9. Fernando GABEIRA
Les Guérilleros sont fatigués

10. J. M. MACHADO DE ASSIS
La Montre en or

11. Dalton TREVISAN
Le Vampire de Curitiba

12. *Des nouvelles du Brésil*

13. Marcio SOUZA
L'Empereur d'Amazonie

14. Alejandro JODOROWSKY
L'Arbre du dieu pendu

15. Manuel SCORZA
Roulements de tambours pour Rancas

16. José Ángel MAÑAS
Je suis un écrivain frustré

17. Antonio LOBO ANTUNES
Fado Alexandrino

18. Christoph HEIN
La Fin de Horn

19. Luis SEPÚLVEDA
Yacaré, Hot Line

20. Lídia JORGE
Le Rivage des murmures

21. Galsan TSCHINAG
Ciel bleu

22. José Luis SAMPEDRO
Le Fleuve qui nous emporte

23. Mempo GIARDINELLI
Le Dixième cercle

24. Fernando AMPUERO
Caramel vert

25. Virgilio PIÑERA
Nouveaux contes froids

26. Vinicius VIANNA
La Dernière ligne

27. Leonardo PADURA
Electre à La Havane

28. Jorge DE SENA
Signes de feu

29. Horacio QUIROGA
Le Désert

30. *Des nouvelles du Portugal*

31. Lídia JORGE
La Forêt dans le fleuve

32. Eça DE QUEIRÓS
La Tragédie de la rue des fleurs

Ouvrage composé par I.G.S. - Charente Photogravure à L'Isle d'Espagnac (16)
Achevé d'imprimer en mars 2005
dans les ateliers de ***Bussière*** *à Saint-Amand (Cher).*

N° d'édition : 2433002. – N° d'impression : 051149/1.
Dépôt légal : mai 2000.

Imprimé en France.